# A Realidade Suplementar e a Arte de Curar

Dados Internacionais de Catalogação na Publicação (CIP)
(Câmara Brasileira do Livro, SP, Brasil)

Moreno, Zerka T.
A realidade suplementar e a arte de curar / Zerka T. Moreno, Leif Dag Blomkvist e Thomas Rützel. [tradução de Eliana Araujo Nogueira do Vale] — São Paulo : Ágora, 2001.

Título original: Psychodrama, surplus reality and the art of healing.
Bibliografia.
ISBN 85-7183-786-4

1. Psicodrama 2. Psicoterapia I. Blomkvist, Leif Dag II. Rutzel, Thomas.

01-1007 CDD-616.891523
NLM-WM 460

Índice para catálogo sistemático:

1. Psicodrama : Psicoterapia : Medicina 616.891523

# A Realidade Suplementar e a Arte de Curar

Zerka T. Moreno,
Leif Dag Blomkvist
e Thomas Rützel

ÁGORA

Do original em língua inglesa
*PSYCHODRAMA, SURPLUS REALITY AND THE ART OF HEALING*

Tradução autorizada da edição publicada
por Routledge, membro do Grupo Taylor & Francis

*Tradução:*
Eliana Araujo Nogueira do Vale

*Capa:*
Neide Siqueira

*Editoração e fotolitos:*
JOIN Bureau de Editoração


Editora Ágora Ltda.

Rua Itapicuru, 613 – cj. 72
05006-000 – São Paulo, SP
Telefone: (11) 3872-3322 Fax: (11) 3872-7476
http://www.editoraagora.com.br
e-mail: editora@editoraagora.com.br

Há um saber
e um não saber.
Há um ver
e um não ver.
Há um ouvir
e um não ouvir.
Há um sentir
e um não sentir.
Há um ser
e um não ser.

Todos esses
eu tenho conhecido
e visto
e ouvido
e sentido
e sido.
(Z. Moreno, 1971)

# AGRADECIMENTOS

Gostaríamos de expressar nossa gratidão a Marc Treadwell pelos comentários e pelas contribuições ao manuscrito final.

Toni Horvatin deu consultoria e assistência inestimáveis, escrevendo e retrabalhando, em alguns casos, certas passagens para atribuir a elas continuidade e clareza. Ela também produziu e aperfeiçoou o manuscrito, coordenando detalhes da pré-produção.

Agradecimentos especiais a Joanne Forshaw, assistente editorial da Routledge, por seu agradável estilo profissional e paciente assistência. Somos também gratos a Imogen Burch, editor senior de produção da Psychology Press Ltd., que foi nosso guia experiente para que pudéssemos levar a termo este processo.

Finalmente, gostaríamos de agradecer aos inumeráveis protagonistas, clientes, estudantes e colegas que possibilitaram e enriqueceram nossa compreensão desses conceitos. Sem eles, este livro jamais poderia ter sido escrito.

Os autores gostariam ainda de agradecer aos editores da Alfred A. Knopf, uma divisão da Random House Inc., pela permissão para citar *O profeta*, de K. Gibran (1923).

# Sumário

# PREFÁCIO

Infelizmente, a realidade suplementar é uma dimensão do psicodrama sobre a qual pouco se escreveu. Mesmo J. L. Moreno, que iniciou o método, não publicou muita coisa a esse respeito, embora ela possa ser considerada um dos elementos mais vitais, curativos e misteriosos do psicodrama.

Para a elaboração deste livro, reunimos três gerações de diretores de psicodrama: Zerka Moreno, companheira de J. L. na vida e no trabalho; seu aluno Leif Dag Blomkvist, supervisor de psicodrama, que desenvolveu, refinou e ensinou o psicodrama surrealista; e o aluno dele, Thomas Rützel. Os autores conceberam este livro simplesmente porque ele cobre uma área que nenhuma literatura prévia sobre o psicodrama abordou, no mesmo estilo ou contexto. Destina-se não apenas a psicoterapeutas de quaisquer denominações, mas é igualmente válido para filósofos, dramaturgos e outros humanistas.

Aqui, em suas próprias palavras, tal como proferidas a Leif Dag Blomkvist, Zerka Moreno explica esse conceito por tanto tempo negligenciado, que desafia as idéias ortodoxas sobre psicoterapia, tanto de grupo como individual. Embora o psicodrama seja um método de ação, as palavras escritas também podem ser portadoras de uma alma, que os leitores vivenciarão à medida que lerem as palavras proferidas por Zerka. Ela nos conduz de volta às origens das idéias e dos métodos psicoterapêuticos de J. L. Moreno e descreve a sua alternativa revolucionária e humanística. Com inteligência e humor, exprimindo a essência da mente e da alma psicoterápicas ideais, Zerka explica a filosofia e a prática do psicodrama, da psicoterapia de grupo e da sociometria, assim como seu significado para o ser humano em psicoterapia, e para o mundo em geral.

## Notas de Leif Dag Blomkvist

As entrevistas originais com Zerka Moreno foram realizadas em 1992, 1993, 1995 e 1998 em Myrtle Beach, na Carolina do Sul. Elas abordam determinado espectro de assuntos, que vieram a se tornar os capítulos deste livro. Durante o processo editorial, um capítulo que versa sobre aplicações clínicas (três estudos de caso), bem como um epílogo, foi incluído. Acrescentei uma introdução a cada capítulo (que podem ser identificadas pelos itálicos). Independentes das entrevistas, elas foram introduzidas para auxiliar o leitor no enfoque dos principais temas, por vezes complexos.

Quando eu era um jovem estudante no Instituto Moreno, em Beacon, Nova York, tive algumas conversas particulares com o doutor Moreno. Meus sentimentos pessoais em relação a ele eram ambíguos. Por um lado, eu era atingido pelo seu *spiritus perversus*, isto é, sua mente que virava as coisas de cabeça para baixo e fazia com que eu nunca me sentisse seguro em sua companhia. Por outro, ele era um verdadeiro criador. Com Zerka Moreno fui capaz de estabelecer uma relação muito mais próxima ao longo dos anos.

Numa dessas ocasiões em que Moreno e eu conversamos, entendi o quanto ele amava Zerka, não apenas como sua mulher e companheira espiritual, mas com o mais profundo respeito por ela como supervisora. Disse-me ele: "Muitos homens têm grandes idéias, mas eles precisam de alguém que as escute, as entenda, que as transforme e divulgue pelo mundo. Veja, Dag, eu tive a idéia, mas Zerka foi minha ferramenta. Sem ela eu jamais teria conseguido".

Em seu livro *Quem sobreviverá?*, Moreno comenta: "A criatividade sem a espontaneidade torna-se sem vida, sua intensidade vital aumenta e diminui proporcionalmente à quantidade da espontaneidade a ela ligada. A espontaneidade sem a criatividade é vazia e torna-se abortiva" (Moreno, 1953: 40). A espontaneidade materializa a criatividade na interação com as pessoas. Dessa forma, J. L. Moreno como a parte criativa, e Zerka Moreno como a parte espontânea, se complementaram de forma notável.

Os leitores deste livro também perceberão por quanta experiência e sofrimento pessoal uma pessoa deve passar para se habilitar a experienciar a alegria e o pleno significado do psicodrama. Por meio da leitura de Zerka Moreno, segundo suas próprias palavras, poderão conhecer uma mulher que usou cada batalha de sua vida, relativa à família, à guerra e à doença para ampliar sua sabedoria de forma verdadeiramente humanitária.

## Notas de Thomas Rützel, editor das entrevistas

O primeiro seminário sobre psicodrama em minha formação realizou-se em 1985, dirigido por Leif Dag Blomkvist. Desde então, ele se tornou meu principal mestre de psicodrama, supervisor e, nos últimos anos, colega e amigo leal. Decorridos nove anos, ainda o admiro por sua inspiração, espírito, coragem, honestidade e, não menos, por sua dedicação no trabalho. Também aprecio muito o privilégio de ter sido convidado a opinar e ajudar na edição de seus artigos e programas de formação.

Em 1993 tive meu primeiro contato com Zerka Moreno, num encontro internacional de final de semana para instrutores de psicodrama, realizado nos arredores de Nova York. Foi lá que se concebeu a idéia de que minha tese para conquistar o título de diretor psicodramático poderia ser a edição das entrevistas que Dag Blomkvist realizou com Zerka. Espero que os leitores deste livro sintam tanto prazer nesse encontro com ela quanto eu senti ao editá-lo.

## Notas de Zerka Moreno

De minha parte, tendo agora vivenciado o psicodrama por quase sessenta anos, acabei por pensar nele como "O teatro do perdão". Trata-se de um lugar onde se pode encontrar o amor e a aceitação pelo que consideramos ser os piores aspectos de nós mesmos. Vivenciamos nossa humanidade comum e aprendemos o que significa ser verdadeiramente humano. Aprendemos a transcender o passado e a ter acesso a um futuro mais promissor.

Há uma técnica no psicodrama chamada "duplo". Um ator terapêutico fica junto ao protagonista, em pé, sentado ou caminhando, e o ajuda a se expressar melhor. Talvez a descrição mais feliz que eu já tenha ouvido sobre o psicodrama me foi dada por uma cliente: "Eu sei o que é psicodrama", declarou ela, "é o duplo da vida".

# Uma História Inicial do Psicodrama

*Zerka T. Moreno*

Considerando-se que J. L. Moreno, o pioneiro do psicodrama, da sociometria e de uma abordagem especial da psicoterapia de grupo, foi educado na Faculdade de Medicina da Universidade de Viena, onde Sigmund Freud lecionou e onde ambos se encontraram em 1912, porque Moreno não se tornou psicanalista? Afinal, a psicanálise foi a primeira escola de investigação da personalidade. Naquela época, Freud andava em busca de filhos espirituais, uma vez que alguns de seus seguidores estavam direcionando a psicanálise para outros rumos.

Por que Moreno não se alinhou a Freud? Ele relatou em *Psicodrama: primeiro volume*, que havia ido ouvir Freud falar sobre *Os Sonhos Telepáticos*. Ao final da conferência, a qual Moreno observou com satisfação que Freud proferia a partir de simples notas, e não de um trabalho escrito, Freud postou-se à porta, à medida que os presentes deixavam a sala; trocou apertos de mão com todos e fez perguntas sobre cada um, e sobre o que faziam. Naquela época, Moreno era assistente clínico na Escola de Medicina e tinha permissão para usar o uniforme branco, que ele evidentemente vestiu para ir à conferência. Quando chegou a vez de Moreno, conforme relato dele, Freud notou sua identidade profissional e perguntou a ele qual era sua área de interesse e se ele havia gostado da conferência, tratando Moreno aparentemente como um colega mais inexperiente. Sua resposta é sempre citada como exemplo de sua própria filosofia de tratamento:

> Bem, dr. Freud, eu começo onde o sr. termina. O sr. encontra as pessoas no ambiente artificial do seu consultório, eu os encontro nas ruas

> e em suas casas. O sr. analisa os sonhos deles. Eu tento dar a eles a coragem para sonhar novamente. *Eu ensino às pessoas desempenhar o papel de Deus.*
>
> (J. L. Moreno, 1977: 5-6)

Em sua resposta a Freud, Moreno não se referia à terapia dos sonhos. Ele aludia ao fato de que ajudar as pessoas a sonhar suas vidas de novo era sua forma de assegurá-los de que suas vidas poderiam melhorar se eles implementassem a criatividade e a espontaneidade. Mesmo a fantasia mais ultrajante poderia ser produtiva, desde que não prejudicasse os outros. Ele notou que Freud pareceu perplexo, e nada respondeu. Provavelmente, havia considerado tais idéias megalomaníacas e, portanto, um tanto quanto perigosas. Mas isso era apenas parte da visão de Moreno sobre a vida mental e da diferença básica entre Freud e ele.

Uma das formas pelas quais Moreno elucidava as diferenças entre Freud e ele era lembrar-nos de que Freud lidava apenas com o psiquismo individual, atribuindo a energia psíquica à libido, que, de acordo com ele, seria constante desde o nascimento. Para Moreno, essa energia não seria apenas uma fonte individual, mas estaria também relacionada com o grupo e o cosmos, alimentada pela espontaneidade/criatividade.

"Somos mais do que seres econômicos, psicológicos, biológicos ou sociológicos, somos, primeiro e acima de tudo, seres cósmicos. Somos provenientes do cosmos, e a ele retornaremos", declarou ele muitas vezes. Ele não detalhou isso, mas havia escrito um livro chamado *As palavras do Pai* (no original alemão *Das Testament das Vaters*), no qual ele proclamou que a voz de Deus encontra-se em todos nós, tendo ele próprio ouvido aquela voz diretamente dentro de si e escrito o que ouviu. Em termos psiquiátricos, essa experiência transcendental poderia ter sido diagnosticada como paranóia.

A divisa entre Moreno e Freud era claramente intransponível naquela época. No entanto, quaisquer que fossem as diferenças entre eles, eram ambos carismáticos e personalidades únicas. Essas qualidades os tornaram extraordinários psicoterapeutas.

Há um adendo bastante pitoresco a essa história. Quando Moreno ainda era estudante da Universidade, num belo dia decidiu deixar crescer a barba. Curiosamente, isso não era considerado adequado para jovens naquela época, o que nos faz lembrar dos anos 60, quando muitos rapazes das gerações mais novas começaram a usar barba como forma de demonstrar tanto sua masculinidade quanto sua independência em relação aos mais velhos. É plausível que ambas essas idéias estimulassem Moreno. Na época, apenas os professores usavam barba, e quando Moreno foi questionado sobre por que ele havia deixado crescer a barba, sua resposta foi: "Ela cresce naturalmente", como a indicar que não era sua intenção interferir na natureza. Imagine, portanto, essa confrontação, de uma velha barba com uma jovem: a de Freud, tão cuidadosamente aparada quanto um formal jardim inglês, a de Moreno crescendo como podia, sem ser retocada por barbeadores, tosquiadores, tesouras ou lâminas de gilete. De alguma forma em seu silêncio, o simbolismo é bastante potente. Freud estava à procura de filhos, sendo o pai de suas idéias; Moreno colocava, sem palavras, que ele não estava a fim de ser o filho de ninguém, mas era, ele próprio, um pai de idéias e em busca de filhos.

Há, no entanto, ainda outras razões pelas quais Moreno não acreditava na psicanálise. Ele não aceitava que as palavras apenas fossem capazes de conduzir por si sós todo o psiquismo. Ele não acreditava que a mera fala fosse a rota mais nobre para penetrar naquele psiquismo, mas intuía haver um nível mais primordial subjacente à fala, isto é, o da ação e da interação. Observando o comportamento das crianças, ele formulou a idéia de que o ser humano tem fome de ação — ação física, assim como mental. Moreno tinha consciência de que as crianças aprendiam uma enorme quantidade de coisas muito antes de começar a falar, vivendo e absorvendo seu meio intensamente. Ele então ensinou que, filogenética e ontogeneticamente, do ponto de vista da raça humana e do indivíduo, a fala é um desenvolvimento relativamente tardio no ser humano. No entanto, a criança está em interação com os outros a partir do nascimento e absorve todo tipo de aprendizagem, seja ela má, boa ou indiferente, desde que seja aprendizagem. A criança se pergunta: "Será que o universo é amistoso?". Infelizmente, para muitas delas, ele não é. No entanto, se deixada meio ao sabor de seus próprios recursos, há um positivo "Sim" da criança, um "Sim" à vida. Essa capacidade de se envolver alegremente com a vida Moreno atribuía à espontaneidade e à criatividade, que ele considerava ser *o problema central* da humanidade: como continuar a encarar a vida com tudo o que ela demanda, a partir de uma capacidade não meramente de se adaptar, mas de ultrapassar as barreiras e os obstáculos por ela apresentada. Ele notou que esse tipo de liberdade diminui em muitos de nós, e requer um meio especial no qual possa desabrochar.

Moreno descreveu como, por volta dos quatro ou cinco anos, ele estava fazendo de conta que era Deus, sentado numa cadeira alta, como se fosse um trono, que seus amiguinhos haviam erigido no alto de uma mesa, no porão de sua casa, em Bucareste. Ele havia organizado uma brincadeira com eles, uma cena de Deus e Seus Anjos, e ele, é claro, tinha de ser Deus. Quando um dos anjos começou a "voar", perguntou a ele por que não estava voando também. Sempre incapaz de recusar um desafio, ele o fez, caiu no chão e quebrou o braço direito.

Anos mais tarde, contando essa história, Moreno acrescentou: "Desde então, considero o psicodrama a terapia para os deuses caídos". Para ele, todos os seres humanos eram gênios, mas alguns viviam essa realidade melhor do que outros. Ele optou por reabilitá-los, caso pudesse. Essa é também uma das razões pelas quais ele gostava tanto de crianças, que estão mais próximas tanto de sua genialidade quanto de Deus, e de pacientes psicóticos que se haviam desgarrado do caminho. Foi apenas gradualmente que o psicodrama começou a ser apreciado como uma possibilidade de crescimento pessoal para quem não é mais criança, nem psicótico, mas ainda é capaz de achar um caminho melhor.

Moreno se inspirava nas grandes religiões do nosso mundo. Ele admirava Sócrates como professor, mas afirmava que Jesus curava melhor do que ninguém, melhor do que ele próprio ou seus contemporâneos. Ele assinalou que Jesus não esperava, numa pequena sala, meio distanciado da sua comunidade, aguardando que as pessoas viessem pedir ajuda, mas sim, que saía pelo mundo afora, com todos os seus perigos, encontrava os sofredores e os curava nesse momento.

Como estudante de filosofia, Moreno perambulava pelos muitos jardins de Viena e começou a atrair as crianças contando-lhes todo tipo de histórias fantásticas. À medida que ele as foi percebendo tão atentas, decidiu encenar tanto as suas histórias quanto as delas, assim como os contos de fada que faziam parte da cultura da época. Muito de sua teoria posterior sobre o desenvolvimento infantil baseou-se nessas experiências. Ele reparou na paixão com que as crianças se ofereciam para encarnar as personagens mencionadas verbalmente e decidiu que o ser humano é um ator de improvisos no palco da vida.

Para voltar ao problema que Moreno via no uso apenas da linguagem como instrumento terapêutico, ele assinalou que as palavras dos clientes seriam interpretadas de acordo com a filosofia terapêutica de cada um. Portanto, não haveria interpretação universalmente válida; pior, não existiria uma linguagem universal. Além disso, se a linguagem fosse esse instrumento todo-poderoso para a comunicação, por que teríamos a música, a dança, a mímica, a escultura, a pintura etc.? Não seriam esses também instrumentos de comunicação? Mas de espécie bem diversa!

Moreno procurava um modelo novo e diferente, que fosse mais semelhante à vida e completo em sua capacidade de atingir e se comunicar com as camadas mais profundas da mente, assim como capaz de oferecer maior flexibilidade do que a própria vida. Ele começou a explorar o teatro como uma via possível. Enquanto estudante de filosofia, ele havia estudado grego e latim, e foi para a forma mais avançada de teatro conhecida no mundo ocidental que ele voltou sua atenção, o dos gregos.

Na *Poética*, de Aristóteles, ele descobriu o que aquele filósofo descreveu como "catarse" ou purgação de duas emoções que ocorrem quando os espectadores estão assistindo a uma tragédia: a piedade pelo herói ou heroína trágicos, e o temor — em algumas traduções isso aparece como terror ou reverência — por si mesmo, caso algo semelhante porventura viesse a ocorrer em nossa própria história. Aristóteles achava que esse efeito seria benéfico aos espectadores, que sairiam do teatro num estado de espírito limpo e purificado. Moreno declarou que isso seria, no melhor dos casos, uma "catarse estética", e não puramente emocional. Afinal, os espectadores tinham consciência de que eram atores nos papéis das personagens, e não eles mesmos, não importava quão esplêndida a capacidade do poeta de trazê-los à vida. Portanto, raciocinava ele, tratava-se de uma catarse secundária, e não primária. Ele se perguntava de que forma os papéis afetavam os atores, e se estes sofriam uma catarse pelo fato de desempenhá-los. Quando, mais tarde, começou a trabalhar com atores, descobriu que, na verdade, um grande número deles sofria de uma neurose histriônica, pois muitos fragmentos de vários papéis aderiam a seus interiores e lá permaneciam de forma não-integrada, muitas vezes perturbando-os e também invadindo e desequilibrando suas vidas pessoais.

Ele então questionou um pouco mais além: o que aconteceria se todos os papéis fossem eliminados na versão final, se o *script* fosse descartado, e os atores tivessem permissão para encenar suas próprias preocupações e problemas? Haveria novas formas de catarse possíveis como, por exemplo, a catarse dos atores, assim como a catarse primária dos espectadores? Estes últimos saberiam que as lágrimas e o riso seriam verdadeiros, emoções genuinamente pessoais sendo expressas e encenadas, e não meramente ensaiadas e recriadas.

Após terminar seus estudos médicos, a idéia de Moreno sobre o improviso de papéis tornou-se uma preocupação mais definida. Isso o levou a organizar um Teatro da Espontaneidade, no qual a improvisação se tornou um gênero artístico, oferecendo aos atores a oportunidade de ser criativos e dar forma espontaneamente a seus papéis. Ele queria provar que esse era um gênero legítimo de teatro, mais até do que o assim chamado teatro legítimo, no qual tudo é ensaiado e repetido, acabado e polido, mas, como ele o designou, não passa de uma "conserva cultural", um produto congelado que abafava a espontaneidade e a criatividade dos atores, bem semelhante à forma pela qual a espontaneidade das crianças é abafada por nossa cultura, sobretudo quando começam a freqüentar regularmente a escola.

A definição de espontaneidade cunhada por J. L. Moreno era: uma nova resposta a uma velha situação. E também: uma resposta adequada a uma nova situação. É quando nossos papéis se tornam estereotipados que nos vemos em apuros. Nesse caso, eles precisam ser colocados de molho na criatividade e na espontaneidade, renovados e refrescados, e até mesmo mudados. Quando usava a palavra "adequada", ele não pensava em uma resposta padronizada. Ele queria dizer que deveria ser uma resposta integradora para todos os envolvidos na questão, mesmo que isso significasse, por vezes, inicialmente desagradar o parceiro no papel interativo, para depois, conduzir a um aprendizado novo e importante.

O Teatro da Espontaneidade fazia parte de uma revolução no teatro, especialmente no que diz respeito à arte do improviso. Essa revolução já havia começado nos primeiros anos do século XX, em especial na Rússia. Não há dúvida de que ela fazia parte do *Zeitgeist*. Mas ele foi o primeiro a realizar uma tentativa tão consistente de criar um teatro especificamente para o propósito de provar que a espontaneidade e a criatividade são funções especiais da mente humana. Infelizmente, essas qualidades não foram respeitadas na cultura ocidental da mesma forma que a inteligência, a memória, o controle motor e, em particular, a conformidade do comportamento. Elas precisavam ser reconhecidas, respeitadas e apreciadas. Ele não estava preocupado apenas com a melhoria do teatro, ele queria que as nossas vidas cotidianas melhorassem, para serem preenchidas com essas necessidades espontâneo-criativas que, de alguma forma, especialmente na infância, acabam sendo silenciadas e distorcidas, e, em muitos casos, desfiguradas.

Foi quase por acidente que esse teatro do improviso transformou-se, numa noite, num teatro de terapia. Uma das atrizes de Moreno apresentava o que ele designava como "neurose histriônica". Ele cunhou esse termo nos anos 20. Hoje, isso até se transformou numa categoria psiquiátrica.

A atriz em questão, a quem Moreno atribuiu o nome de Bárbara, havia sido contratada como a personificação da pura feminilidade. Na verdade, ela representava com certa regularidade o papel da Virgem Maria nas representações da Paixão, na Páscoa. Ela havia se casado há pouco tempo com um poeta, chamado por Moreno de George, que vinha assisti-la todas as noites no Teatro da Espontaneidade. Uma noite, ele foi atrás de Moreno antes da *performance* para lhe falar de seus infortúnios. Ele lhe contou como aquela mesma criatura adorável e virginal, tão adorada e admirada por todos, na verdade era o seu exato oposto em casa, o diabo em pessoa. Ele afirmava que ela usava uma linguagem abusiva tão vulgar como ele jamais ouvira, certamente, inaceitável para o nível deles. Ele estava começando a achar o comportamento dela insuportável, e perguntou a Moreno se ele poderia interferir de alguma forma.

Acontece que, justamente naquela época, Moreno havia instituído uma nova modalidade dentro do Teatro da Espontaneidade a que deu o nome de "O Jornal Vivo" [*Die Lebendige Zeitung*]. A razão principal do desenvolvimento desse aspecto das *performances* era provar a espontaneidade e a criatividade dos atores. Se eles retratassem as notícias daquele dia em cena, não poderiam ser acusados de ter tido tempo de ensaiá-las. Ele havia achado necessária essa estratégia, porque alguns críticos de teatro que haviam vindo para avaliar o novo experimento declaravam, quando a encenação fluía bem, que ela deveria ter sido ensaiada. Quando, porém, isso não ocorria, eles argumentavam que o teatro do improviso não funcionava. Não se tratava de uma situação de vencer ou vencer.

Para recolher as notícias do dia, Moreno tornava seus atores em repórteres, e mandava que saíssem às ruas para coletar notícias interessantes. Na noite antes mencionada, um dos atores, em sua busca por material para O Jornal Vivo, havia trazido entre as notícias por ele selecionadas, uma sobre uma prostituta que havia sido assassinada por seu gigolô, numa briga que envolvia dinheiro, e na qual ele a acusava de estar escondendo algum. Essa era a dica de que Moreno precisava para se dirigir a Bárbara, a atriz, e sugerir a ela que seu repertório estava ficando ultrapassado, excessivamente restrito, que ela precisava desempenhar outros papéis, de mulheres das camadas mais baixas, que estava na hora de ela explorar esse tipo de papel. Ela concordou em que também se sentia ultrapassada, e estava pronta a experimentá-lo. "Mas", perguntou ela, "você acha que eu consigo fazê-lo?" "Eu tenho toda a confiança em você", declarou ele sabiamente.

De acordo com Moreno, ela foi um grande sucesso naquela noite e, gradualmente, tornou-se uma atriz mais versátil. A propósito, o ator que desempenhava o papel de gigolô era Peter Lorre, um rapaz que Moreno havia descoberto. Mais tarde ele rodou um filme na Alemanha, *M.*, no qual desempenhou o papel de um assassino infantil. Em seguida, ele foi para Hollywood e declarou abertamente que seu treinamento com Moreno em Viena foram as únicas lições de teatro que ele jamais havia tido.

O poeta/marido apareceu para contar a Moreno que o comportamento de Bárbara lentamente melhorara: de vez em quando ela caía na risada ao voltar aos hábitos antigos, lembrando-se de que havia feito aquilo no teatro. Poder ser capaz de rir de si mesmo e das próprias falhas certamente representa um passo na direção da cura, uma vez que requer o distanciamento de alguma parte do *self*.

Do ponto de vista técnico, é importante observar o que Moreno estava procurando. Tendo observado o sufocamento e a distorção da criatividade e da espontaneidade de Bárbara em razão de os papéis que ela desempenhava terem se tornado eles próprios conservas, essa oportunidade de romper aquele padrão e oferecer-lhe uma habilidade renovada fazia muito sentido. Mais tarde, isso se tornou parte do processo de retreinamento para as pessoas cujos papéis de vida estavam também ficando congelados.

Moreno pediu a Bárbara e George que espontaneamente encenassem juntos algumas das cenas do casamento deles. Isso veio a se tornar uma modalidade habitual das *performances* do teatro. Abrindo parênteses, essa foi uma tentativa pioneira de terapia de casal e marital, por meio do que depois veio a ser o psicodrama. Quando os membros da audiência relataram a ele que aquelas cenas os haviam tocado mais do que as outras, surgiu-lhe a idéia de que isso pudesse ser o início de uma nova forma de teatro igualmente — um teatro para curar, não apenas para os atores, mas também para as pessoas que o assistiam.

Esse veio a ser o fruto do profundo questionamento intelectual original de Moreno com relação à natureza da catarse. Fez todo o sentido a partir da *performance* de Bárbara e seu marido, e a intensa resposta dos espectadores a essas encenações.

Não seria correto relatar que a partir daí essa forma de teatro tornou-se a maior preocupação de Moreno, uma vez que ele tinha outras idéias criativas nas quais estava trabalhando; mas essas foram as sementes para as empreitadas futuras, o pano de fundo dos anos vindouros.

O Teatro da Espontaneidade aconteceu em Viena, de cerca de 1922 a 1925, quando então Moreno migrou para os Estados Unidos e levou suas idéias, na esperança de que elas criassem raízes e florescessem por lá. Ele teria dito que "O psicodrama foi concebido em Viena, mas nasceu na América".

A idéia de que somos atores do improviso no próprio palco da vida é poderosa. É óbvio que muitos de nós não nos saímos muito bem, e precisamos de ajuda. A noção de que há outra forma de teatro, uma que nos respeitará mesmo quando falharmos, e nos ensinará a viver mais plena e criativamente, veio depois a ser o psicodrama, o drama da mente. É uma forma de drama que libera as profundezas de nosso ser que sempre lá estiveram em nossa infância, mas não tinham canais adequados para sua realização. Moreno por vezes o descrevia como "um laboratório para aprender a viver". Lembre-se de que ninguém atua sozinho, somos co-atores aqui na Terra e é particularmente nisso que temos grandes dificuldades e obstáculos a superar. A forma como o fazemos determina se estamos em desarmonia ou em conformidade com os demais.

# INTRODUÇÃO

Todos os que já participaram de um psicodrama ficam ao mesmo tempo fascinados e perplexos com o impacto do teatro espontâneo. Essa forma de teatro começa com um palco vazio, sem *script*, sem atores profissionais e sem ensaios. Há apenas o protagonista com sua história, a qual, por meio das exclusivas técnicas psicodramáticas, expande-se numa peça plena, seja ela uma tragédia, sátira ou comédia. O psicodrama causa um forte impacto psicológico sobre os protagonistas, os co-autores e o grupo presente. Não há audiência no psicodrama. Todas as pessoas presentes fazem parte da peça. Tudo se passa no palco, totalmente às claras, no aqui-e-agora, e jamais pode ser reproduzido. O psicodrama não é apenas um teatro de expressão, como muitos acreditam, porque é também um teatro de restrição. Ele é, conforme acreditamos, apenas tangencialmente ligado às terapias expressivas. O psicodrama é bem mais definido como O Teatro do Encontro, na verdade, ele *é* encontro e confrontação, um *Auseinandersetzung* (em alemão, "ser colocado do lado").

É o Teatro do Êxtase em seu sentido mais puro, assim como no sentido literal da palavra, pois força o indivíduo a sair fora de seu mundo limitado e dissolve as fronteiras. No psicodrama, os homens podem desempenhar o papel de mulheres, e vice-versa, os jovens podem representar os velhos, e vice-versa, uma pessoa pode ser um avião, ou qualquer tipo de objeto, uma parte do corpo, uma idéia, ou mesmo Deus. Tudo é trazido para o encontro com alguém ou alguma coisa, ou com partes do *self*, e há uma relação entre eles. Esse mundo sem limites, em que a pessoa fica liberada do mundo real, é o que Moreno chamava de "realidade suplementar", e é a ela que este livro se refere.

Infelizmente, Moreno escreveu muito pouco sobre o assunto. Num artigo para *Psicoterapia de Grupo* ele escreveu:

> O psicodrama não consiste apenas na encenação de episódios, passados, presentes e futuros, que são vivenciados e concebidos no cenário da realidade — um equívoco freqüente. Há no psicodrama um tipo de experiência que ultrapassa a realidade, que oferece ao sujeito uma nova e extensiva experiência de realidade, uma realidade suplementar. Fui influenciado na cunhagem do termo "realidade suplementar" pelo conceito de Marx de "mais-valia"*. O valor suplementar seria a parte do salário do trabalhador que lhe é roubado pelo empregador capitalista. Mas a realidade suplementar, em contraste, não é uma perda, mas um enriquecimento da realidade por meio do investimento e do uso extensivo da imaginação. Essa expansão da experiência é possibilitada no psicodrama pelos métodos não usados na vida — egos auxiliares, cadeira auxiliar, duplo, inversão de papéis, espelho, loja mágica, a cadeira alta, o bebê psicodramático, o solilóquio, o ensaio da vida e outros.
>
> (J. L. Moreno, 1965, 4: 212-3)

Por esta ser uma das poucas fontes existentes sobre o assunto, seus sucessores a adotaram para explorar e explicar o conceito de realidade suplementar. Ela é um instrumento de cura vital para o grupo assim como para o indivíduo, porque as sessões ocorrem nesse domínio quase místico e alquímico. Alquimia é a ciência da transmutação. De acordo com Freud, a psicoterapia como idéia sempre foi mais bem compreendida pelos humanistas, artistas, arqueólogos, filósofos e escritores do que por praticantes da ciência médica. Psicodrama é ao mesmo tempo ciência e arte. O aspecto artístico reside nas habilidades do diretor.

Moreno afirmou que o objetivo do *Stegreiftheater* vienense ("Teatro da Espontaneidade") era produzir uma revolução no teatro.

---

* Em inglês, *surplus value*; realidade suplementar ficou sendo *surplus reality*.

> A tentativa de mudança se deu em quatro frentes:
>
> 1. A eliminação do autor teatral e da peça escrita.
> 2. A participação da audiência, um "teatro sem espectadores". Cada pessoa é um participante, cada pessoa é um ator.
> 3. Os atores e a audiência são agora os únicos criadores. Tudo é improvisado, a peça, a ação, o motivo, as palavras, o encontro e a resolução dos conflitos.
> 4. O velho palco desapareceu, em seu lugar, encontra-se o palco aberto, o palco do espaço, o espaço aberto, o espaço da vida, a própria vida.
>
> (J. L. Moreno, 1973: a)

Essas idéias sobre uma ruptura com as regras tradicionais já haviam sido apresentadas por muitos outros criadores. A idéia do teatro de improviso também foi explorada em 1916 pelo Cabaré Voltaire, do Movimento Dada de Zurique. Esse movimento tem, na verdade, muito pouco em comum com a revolução sociométrica de Moreno, mas o Cabaré Voltaire foi famoso por suas criações impulsivas e espontâneas. Os dadaístas experienciavam o mundo como uma *loucura racional.* De acordo com essa visão, a arte e a literatura disfarçavam e mistificavam a realidade, a ciência era explorada para fins militares e a filosofia era usada para transformar o pensamento humano em escravidão. O movimento Dada transformou-se num catalisador para os espíritos revolucionários; tratava-se de um paroxismo cultural. Pretendia criar uma *tabula rasa* do mundo todo. Filosoficamente falando, Tristan Tzara e Moreno tinham um ponto em comum: ambos afirmavam a importância da mudança e da surpresa. Os dois eram contra a psicanálise. Tzara acreditava que a psicanálise põe as fantasias irracionais do homem para dormir, ao analisá-las. Moreno escreveu sobre o clima existente na sua época na Universidade de Viena (onde ele conheceu Freud):

> [...] a psicanálise havia desenvolvido uma atmosfera de temor entre os jovens. O temor da neurose era o parâmetro da moda. Um gesto heróico, uma aspiração nobre fazia com que seu portador se tornasse imediatamente suspeito [...] Após a purgação da natureza (Darwin) e da sociedade (Marx) das forças cósmicas criativas, o último degrau

> consistia na purgação do gênio pela psicanálise. Tratava-se da vingança da mente medíocre para rebaixar tudo ao seu mínimo denominador comum [...] Todos os homens são gênios [...] Um exército de filisteus abate-se sobre Sansão. Ele foi admirado e temido sem que houvesse uma razão para isso. Ele não é mais forte do que nós [...] Qualquer pessoa pode deixar seu cabelo crescer.
>
> (J. L. Moreno, 1977: 6)

Moreno e o movimento Dada abriram as portas para um mundo desconhecido. O Dada se autodissolveu e fundiu-se ao movimento surrealista liderado por André Breton. O movimento surrealista tornou-se uma das correntes mais vitais da poesia, da arte e do pensamento revolucionário modernos.

A realidade suplementar e o surrealismo são tão relacionados entre si quanto separados. Quando se pensa nas produções inovadoras dos pintores surrealistas tais como Magritte, Dali, Miró, todas louvavam essa dimensão da existência que vai mais além da realidade. Breton definia o surrealismo da seguinte forma:

> Surrealismo: *s. masc.*: puro automatismo psíquico, por meio do qual se procura expressar seja por escrito, verbalmente ou de qualquer outra forma, o verdadeiro funcionamento do pensamento. É a ordem do pensamento, totalmente livre do controle da razão, excluindo quaisquer preocupações de ordem estética ou moral.
>
> (Breton, 1965: 89)

Essa afirmação encontra-se em oposição ao pensamento moreniano, e ao conceito moreniano de espontaneidade, porque a espontaneidade envolve reflexão, controle consciente e moral, assim como considerações de ordem ética. Ela envolve inclusive o outro. O surrealismo também se tornou mais interessado em Freud e em seu conceito sobre o inconsciente, e seu automatismo guardava muito em comum com o método da livre associação de Freud. Ele, assim como os surrealistas, devem ter chegado à mesma conclusão, isto é, de que o inconsciente e todo o mundo psicológico se encontram dentro da mente. Moreno questionou essa visão estreita. Quem disse que o psiquismo está dentro do corpo? Alguém jamais "viu" um psiquismo? Moreno postulou em 1943, num artigo chamado "A Sociometria e a Ordem Cultural", que:

> O conceito biológico de indivíduo coloca o psiquismo dentro do corpo (como um epifenômeno). No conceito sociométrico de indivíduo (pessoa) o psiquismo aparece como algo exterior ao corpo, o corpo é circundado pelo psiquismo e o psiquismo é circundado por, e entrelaçado com os átomos sociais e culturais.
>
> (J. L. Moreno, 1943: 319)

Moreno achava que o psiquismo e a *materia* não são necessariamente separados um do outro. Portanto, ele considerava superficial e não-funcional a distinção entre consciente e inconsciente no palco psicodramático, uma vez que a realidade suplementar dissolve essa distinção.

Os surrealistas abraçaram o mundo dos sonhos, de atingir o psiquismo por meio das drogas, da criação de um estado de exaustão, e vários outros meios, para encontrar esse mundo arcaico. Muitos pintores surrealistas, na verdade, ficaram loucos e cometeram suicídio. Como colocou a psicanalista junguiana suíça Marie-Louise von Franz, o encontro com o inconsciente "não é um piquenique" e tem de ser realizado com cuidado e preocupação. O psicodrama é o que Moreno chamou de *"acting out controlado"*. O indivíduo não se encontra sozinho, a experiência é compartilhada pelo grupo presente.

No entanto, o psicodrama abrange também uma boa porção do que poderia ser chamado de "experiência surrealista". Quando se sobe no palco do psicodrama, a produção subseqüente raramente vem a ser como as imagens presentes durante o aquecimento. Enquanto se está no palco, ao encenar as próprias imagens, o psicodrama encontra seu próprio curso, assume e imprime sua própria direção. O objetivo do diretor é assistir ao processo tão espontaneamente quanto possível. Podemos-nos referir a esse momento entre as idéias de alguém e sua ação como "a experiência surrealista", um momento de não-saber; aqui entra o conceito de ter domínio sobre essas surpresas com espontaneidade, da parte do ator, dos co-atores e do diretor.

André Breton descreve a experiência surrealista da seguinte forma:

> *De l''instant où pour les premiers navigateurs une nouvelle terre fut en vue à celui où ils mirent le pied sur la côte, de l''instant où tel savant put se convaincre qu''il venait d''être témoin d''un phénomène jusqu''à lui inconnu à celui où il commença à mesurer la portée de son observation.**
>
> (Breton, 1937: 34)

O sonho introduz um estranho mundo que não pode ser controlado, ou pode apenas de forma bastante reduzida. Uma maneira de apreender o incompreensível é analisar o sonho. O psicodrama também o introduzirá a um mundo de estranhamento, mas não se trata de um sonho, e você estará tendo essa experiência junto com outras pessoas, no contexto de um grupo. Você influencia a sua produção e sua qualidade dramática. Essa é a profunda diferença entre o mundo surreal e o mundo da realidade suplementar. Trata-se de um mundo que pode nunca ter sido, e nunca pode vir a ser, no entanto, é absolutamente real. Ele tem o poder de redenção.

---

* A partir do instante em que os primeiros navegadores avistam uma nova terra àquele em que vêem os próprios pés sobre a costa; a partir do instante em que tal sábio pode se convencer de que acaba de ser testemunha de um fenômeno até então desconhecido àquele em que ele começa a dimensionar o alcance de sua observação. (em francês no original) (N. da T.)

CAPÍTULO 1

# O TEMPO E A MORTE

Zerka T. Moreno

*O tempo só existe em relação a um evento que está acontecendo aqui e agora, que aconteceu no passado, ou acontecerá no futuro. Um momento precisa passar para se tornar um momento, porque o Agora é atemporal. Quando digo "Aqui estou eu", essa afirmativa já é passada e, portanto, significa: "Aqui estava eu".*

*Em muitas religiões, o tempo era vivenciado como uma divindade ou sua manifestação ao longo de uma corrente de vida que dela brotava. Essa corrente de vida também pode ser considerada como a energia criativa do mundo. Pode-se considerar essa idéia de divindade como tempo ou não-tempo na maior parte das religiões antigas.*

*Os antigos gregos, por exemplo, concebiam seu deus do tempo, Aion, como um fluido vital presente nos seres vivos, um fluido que continuava sua existência mesmo após a morte, sob a forma de uma serpente. Isso nos faz lembrar de Ouroborus, a serpente que morde a própria cauda. O tempo era considerado uma substância básica do Universo, da qual o fogo, o ar e a água derivaram. Marie-Luise von Franz escreve o seguinte:*

> *Aion, o deus do tempo, é aqui claramente uma imagem do aspecto dinâmico da existência, do que poderíamos chamar hoje de um princípio de energia psicofísica. Todos os opostos — a mudança e a duração, mesmo o bem e o mal, a vida e a morte — estão incluídos nesse princípio cósmico.*
>
> (Von Franz, 1992: 65)

*No entanto, na tradição judaico-cristã, Deus é concebido como exterior ao tempo. Deus criou o tempo quando criou o mundo. Com a criação do Sol e da Lua, e, conseqüentemente o estabelecimento do dia e da noite, o tempo veio a existir. Santo Agostinho, que pensava muito sobre o tempo, disse: "Se ninguém me pergunta o que é o tempo, eu sei o que ele é, mas quando tenho de explicá-lo a alguém, eu não sei". A distância entre o ser divino, Deus, e a relativa insignificância da criatura se manifesta, de acordo com Santo Agostinho, principalmente na relação entre a eternidade de Deus e a mera temporalidade de tudo o que foi criado (Augustinus, 1955).*

*Como é que o tempo desempenha um papel tão importante nas nossas vidas? Como isso começou? Na Antigüidade, os religiosos quiseram determinar certos dias no decorrer do ano para que certos rituais fossem realizados. As pessoas faziam-no, por exemplo, por meio de círculos de pedras com os quais podiam medir exatamente a posição do Sol, uma vez que ele muda constantemente no decorrer do ano. Mais tarde, pequenos relógios de sol foram criados para medir o tempo durante o dia. Os gregos mediam o tempo com uma assim chamada* klepshydra *("ladra de água"). Tratava-se de um recipiente com um orifício próximo do fundo e marcas no seu interior. Nessas marcas, o nível da água mostrava o tempo decorrido. Um esquema semelhante era o da ampulheta. O tempo também era medido por marcas feitas em velas que se queimavam, ou pelo nível decrescente do óleo em lamparinas. A verdadeira mudança iniciou-se no séc. XIV, com a invenção do relógio com mecanismo mecânico, que inicialmente foram construídos nas torres das igrejas. Com esses auxiliares, o tempo sob a forma de horas, que agora eram iguais em duração e objetivamente mensuráveis, permeou o psiquismo do homem. Assim, a percepção e a consciência do tempo pelo homem veio a ter uma influência duradoura.*

DAG: Zerka, você poderia me dizer algo sobre o conceito de tempo no psicodrama e sua relação com a morte?

ZERKA: Quando somos jovens, temos um longo futuro e apenas um curto passado. À medida que caminhamos pela vida, essa proporção muda. Na meia-idade, temos um passado maior e um futuro menor, e, conforme envelhecemos, temos um passado ainda mais longo e um futuro ainda menor. Durante esse processo, a experiência do tempo assume diferentes dimensões. O tempo parece interminável quando somos jovens. Mas, à medida que envelhecemos, nós o experimentamos como algo que caminha cada vez mais rápido.

Um exemplo disso poderia ser uma história que aconteceu na minha família. A avó de minha mãe, cujo nome herdei, foi a única pessoa da família que chegou aos 90 anos. Quando seu 80º aniversário foi comemorado, minha mãe tinha 18 anos. Então, aqui vemos a juventude e a idade avançada. Minha mãe perguntou: "Vovó, 80 anos é um tempo muito longo?", pois, para ela, isso parecia uma eternidade. E a avó respondeu: "Minha criança, você vê este aposento? É como entrar pela porta, atravessá-lo e sair pela outra porta".

A cronologia desempenha um papel muito importante para os seres humanos na experiência do tempo. O tempo é na verdade uma elaboração criada pelo homem, e o homem inventou o relógio para medi-lo. O homem é a medida e o medidor de todas as coisas. Mesmo os antigos mediam o tempo em termos do movimento diário do Sol, e o aparecimento e desaparecimento da Lua no mês (uma palavra que deriva do termo "lua")*. Mas eles não inventaram o relógio mecânico, que independe dos ciclos solares ou lunares e é uma grande invenção.

Os animais nada sabem sobre o tempo. Seu ritmo de vida está ligado ao ritmo solar, à medida que este muda ao longo das estações. Essa é outra dimensão na experiência de tempo que pode também ter sido a de nossos ancestrais pré-históricos.

DAG: Na história sobre a sua bisavó, você mencionou que o curso da vida seria como atravessar um aposento. Para onde vamos quando saímos pela outra extremidade?

ZERKA: Atingimos uma terceira dimensão na experiência do tempo, a da eternidade, ou da ausência de tempo. A eternidade está relacionada ao Cosmos[1], de onde viemos e para onde retornaremos, e isso é um mistério.

DAG: Quão importante tem sido esse conceito referente ao homem ter uma origem cósmica no seu trabalho de direção?

---

* Em inglês *moon* [lua] e *month* [mês]. (N. da T.)

1. A palavra "cosmos" é grega e significa: universo, sistema ou ordem da vida (*weltordnung*), a humanidade toda. É, portanto, uma palavra que abrange o homem e o seu entorno, micro e macrocosmos.

ZERKA: A experiência cósmica é uma experiência espiritual, uma experiência de "o tempo não existe, não há limite de tempo".

Minha forma de dirigir, nesse sentido, é: tenho de esquecer o tempo humano e abrir, ou mesmo eliminar, as fronteiras. No psicodrama, podemos tecer do passado para o presente para o futuro e voltar.

Isso, é claro, conduz à realidade suplementar, um conceito significativo no psicodrama. Ela ultrapassa a medida humana do tempo. O futuro é um exemplo de realidade suplementar, e também ultrapassa o tempo. Imagine, ainda, que você está olhando uma gravura que mostra uma montanha. Qual seria o espaço em distância que o separa dessa montanha? Esse ponto de vista é muito fascinante, pois, para mim, refere-se ao problema filosófico do espaço e do tempo. A distância é incomensurável e, portanto, cósmica.

*Há também o seguinte problema: a que distância essa questão se refere? É à distância entre mim e a gravura que tenho nas mãos, ou à distância que eu teria de percorrer para chegar à montanha? E, ao olhar a dimensão do tempo, eu poderia me perguntar: Será que essa é uma gravura de uma montanha que pode nem existir mais? Ainda existe a gravura, mas a montanha pode ter deixado de existir há muito tempo.*

DAG: Haveria uma relação entre o conceito de tempo tal como criado pelo homem e o conceito de conserva cultural?

ZERKA: O tempo é uma conserva. Uma coisa congelada. No entanto, de certa forma, é um produto final, assim como os livros são produtos finais. Nenhum homem criou o tempo nesse sentido. Deus, ou como quer que você deseje nomear esse poder criativo, fez o mundo e, portanto, o tempo. Nós o dividimos em blocos.

*Para marcar um evento, temos de estabelecer um dado horário, data e lugar. Desse ponto de vista, o tempo é um momento congelado. Em contraste a isso, atribui-se ao filósofo grego Heráclito a seguinte afirmação: "Tudo flui, nada subsiste". E, igualmente, o tempo flui. Os períodos de nossa vida poderiam ser comparados a um rio que está, ao mesmo tempo, em todos os lugares: na represa, nas corredeiras, na cachoeira e na desembocadura do rio. Há apenas presença, e nenhuma sombra do futuro. Poderíamos olhar para nossa vida do mesmo jeito: estamos conectados à nossa infância, à nossa maturidade e à nossa velhice. Não há fronteiras. Somos só nós que cortamos o tempo em pedacinhos tais como os minutos, os segundos, os milionésimos de segundo, e assim por diante.*

DAG: Qual seria a definição moreniana de conserva cultural?

ZERKA: A conserva cultural, tal como Moreno a concebia, era o produto final da espontaneidade e da criatividade. Consistiria realmente em pegar um momento e congelá-lo no tempo. E, para descongelar esse momento, você volta à fonte, que são a espontaneidade e a criatividade. Então, ela é ambos, o produto final e o início de algo novo, oscilando para a frente e para trás, como um pêndulo.

DAG: O termo "conserva cultural" é usado muitas vezes pelos psicodramatistas com uma conotação negativa, pois é vista apenas como algo congelado. Mas você incluiu também o início.

ZERKA: Moreno achava que era algo negativo, se viesse a impedir uma nova espontaneidade e criatividade. Se ela as *encorajasse*, então se tornaria como uma represa que nunca seca. No entanto, se ela impedi-las, então será negativa, e você ficará bloqueado. O fator espontaneidade torna possível vivenciar as conservas culturais de modo diferente. Moreno deu o seguinte exemplo: você sai de casa todo dia no mesmo horário para ir trabalhar e, como em todas as manhãs, encontra o carteiro. Será que você seria capaz de gerenciar suficientemente a espontaneidade para vivenciar essa situação como um novo momento a cada dia? É muito difícil. Na Alemanha, diz-se: *Der Mensch ist ein Gewohnheitstier* ["O homem é uma criatura de hábito"]. *Gewohnheit*, ou "hábito", significa um "momento congelado". Você seria capaz de encontrar o carteiro e dizer-lhe algo como: "Ah, bom dia" e "Como está o sr. nessa manhã? O sr. está bem? Como está se sentindo hoje?", como se isso jamais houvesse ocorrido antes? Moreno achava que a maioria de nós não possui um tipo enorme e especial de criatividade, assim como Beethoven ou Rembrandt. O importante para nós é ter essa infusão diária de espontaneidade e criatividade para tornar a vida renovada e agradável de viver. Espontaneidade e criatividade: trata-se da capacidade de vivenciar a novidade, da renovação, de adicionar algo, ao invés da mesmice de sempre.

*Foi Meister Eckart, o místico medieval, quem disse que o momento mais importante das nossas vidas é o presente, a pessoa mais importante em nossa vida é aquela com quem falamos neste momento, a façanha mais importante em nossa vida é o amor. O eterno Agora (Eckhart, 1963).*

CAPÍTULO 2

# O Momento de Surpresa

*Os momentos de surpresa são mais comuns em nossa vida cotidiana do que podemos imaginar. Há surpresas constituídas por eventos externos totalmente inesperados, que nos causam impacto. Há outra forma de surpresa que é mais de uma ordem intrapsíquica. Por exemplo, podemo-nos surpreender com a distância existente entre nossas expectativas e a realidade. Nesse momento de surpresa, a percepção da realidade se estilhaça. A pessoa subitamente vê-se numa zona de transição em que a realidade se mescla a esperanças, temores e sonhos. Tanto Moreno quanto o filósofo surrealista Breton deram muita atenção a esse momento de transição.*

*Os gregos reverenciavam Dioniso como o deus da surpresa e da transição. Walter Otto o exprime da seguinte maneira:*

> *O mundo conhecido pelo homem, o mundo em que este se estabeleceu com tanta segurança e aconchego, esse mundo não mais existe. A turbulência que acompanhou a chegada de Dioniso varreu-o do mapa. Tudo se transformou. Mas ele não se transformou num conto de fadas encantador, nem em um ingênuo paraíso infantil. O mundo primevo deslocou-se para o primeiro plano, as profundezas da realidade se abriram, as formas fundamentais de tudo o que é criativo, tudo que é destrutivo, vieram à superfície, trazendo com elas infinito arrebatamento e infinito terror. A imagem inocente de um mundo rotineiro bem ordenado foi destruída por sua chegada, e elas trouxeram não ilusões ou fantasias, mas a verdade — uma verdade que conduz à loucura.*
>
> (Otto, 1981: 95)

*Na filosofia surrealista, esse momento de transição em que as pessoas perdem o chão e relacionam-se com imagens, temores e sonhos também as coloca diante de um encontro com o desconhecido. Os surrealistas reverenciavam esse momento e consideravam-no algo muito criativo. André Breton escreve o seguinte:*

> *C"est dans la surprise crée par une nouvelle image ou par une nouvelle association d"images, qu"il faut voir le plus important élément du progrès des sciences physiques, puisque c"est l"étonnement qui excite la logique, toujours assez froide, e qu l" oblige a établir de nouvelles coordinations.*[1]
>
> (Breton, 1949)

*Moreno achava que os seres humanos são bastante despreparados e mal equipados para enfrentar os momentos de surpresa, e isso porque a espontaneidade é bem menos respeitada do que a memória e a inteligência.*

*Parece que todos os três, tanto o mitólogo quanto o surrealista e o moreniano, consideram o momento de surpresa um momento de transição no qual se necessita o papel de Criador.*

DAG: Moreno partia do princípio de que não aceitamos muito bem as mudanças. Quando somos crianças, as surpresas constituem algo encorajador, desafiador e delicioso. Quando, porém, nos tornamos mais velhos, essa atitude muda ou se desvanece, e é substituída por outra de temor diante das novidades. Podemos dizer que o ego então tem maior probabilidade de se apegar ao já conhecido. O que significam as surpresas para as pessoas?

ZERKA: Há duas maneiras opostas de se deparar com surpresas: uma é a ansiedade, a outra é a alegria. Algumas surpresas desafiam as pessoas de tal maneira que elas não sabem lidar com elas, e ficam inseguras. É aí que a espontaneidade precisa entrar. Deixar fluir a espontaneidade e a criatividade pode preencher aquele momento e reduzir a ansiedade. Lembre-se de que a espontaneidade e a ansiedade são funções uma da

1. "É na surpresa criada por uma nova imagem ou por uma nova associação de imagens que é preciso ver o elemento mais importante do progresso das ciências físicas, pois é o espanto que excita a lógica, sempre bastante fria, e a obriga a estabelecer novas coordenações." (em francês no original) (N. da T.)

outra: quando a espontaneidade aumenta, a ansiedade fica rebaixada, e vice-versa. Esse é o primeiro aspecto. O outro é a alegria.

A palavra "espontaneidade" vem do latim *sua sponte*, que quer dizer "de dentro de si, em concordância consigo próprio". Não deveria ser compreendida como comportamento impulsivo; muito pelo contrário. A espontaneidade relaciona-se com a tele[2] e a reflexão, e também dá à pessoa a sensação de ser livre para agir de acordo com a situação. Ele/ela não se defrontam com uma nova situação com ansiedade, mas com o sentimento de ser capaz de controlá-la.

O momento de surpresa pode levar a uma transição de um estado para outro. No entanto, com freqüência, a primeira resposta é o choque. E, se você não dominar a espontaneidade para sobrepujar o choque, estará empacado. Nesse caso, a primeira resposta geralmente é: "Meu Deus, como isso foi acontecer; e agora, o que é que eu faço?". Então, a espontaneidade pode emergir, e a transição pode seguir seu curso. Uma porta se fecha, e outra se abre. Mas você vai perceber que muitas pessoas estancam diante da porta fechada. Nós tratamos, por exemplo, de pessoas com problemas relativos a divórcio. Essas pessoas muitas vezes se encontram fixadas num longo momento congelado. No psicodrama, as trazemos de volta para que desenvolvam a própria espontaneidade. Assim, tornam-se capazes de gerenciar a situação. Mas há também a possibilidade de uma transição, se a espontaneidade for equivalente ao desafio.

DAG: Quando os pacientes se vêem face a face com surpresas, como uma morte súbita na família, perda do emprego, divórcio etc., muitos diretores de psicodrama tendem a procurar por uma explicação como agente de cura.

---

2. J. L. Moreno considerava que a empatia é um processo de mão única. Ele achava que há um processo que ocorre em ambas as pessoas e ultrapassa uma empatia mútua. Ele chamou esse processo, no qual os pensamentos e sentimentos de ambos os participantes se entretecem, de "empatia de mão dupla". Ambos têm acesso à mente um do outro, e se influenciam. A esse fenômeno J. L. Moreno chamou de "tele".

Você assinalou a importância do aquecimento do protagonista para um novo momento de espontaneidade, para que ele lide com a situação. Você poderia, por favor, se aprofundar um pouco nesse pensamento?

ZERKA: A diferença básica entre Moreno e Freud pode ser expressa da seguinte maneira: Freud perguntaria: "O que aconteceu com você? Diga-me, e eu o interpretarei para você". Moreno perguntaria: "Como você chegou a isso? E como podemos tirá-lo dessa situação do ponto de vista sociométrico?". *O que?* é uma questão diagnóstica. *Como?* é uma questão de ação. Essa é a diferença. Você certamente precisa saber *o que*, mas não é isso que o tira da situação. É o *como* que promove a mudança. Acho que sempre existe uma confusão com relação a isso. "Como foi que eu contribuí para isso?" As pessoas gostam de estar no controle das coisas. Durante os momentos de choque ou surpresa, estamos fora de controle. Assim, desejamos estabelecer uma análise racional[3] porque isso nos possibilita certa moldura operativa. "É isso que tenho de fazer", ou "É assim que tenho de lidar com isso".

Eu acredito que só existe uma solução quando o comportamento da pessoa realmente muda. Moreno e eu achamos que, em psicoterapia, o fato de saber ou ter um *insight,* por si só, não cura. Só lhe proporciona um *insight.* Transformar o *insight* em mudança de comportamento significa, mais uma vez, estabelecer uma ligação com a espontaneidade e a criatividade. O que interessa a nós, psicodramatistas, é como você dá o salto do *insight* para uma nova ação. É isso que é difícil. Muitas pessoas têm muitos *insights* e sabem tudo sobre si. E aí elas chegam para você e dizem: "Eu já fiz esse ou aquele tipo de terapia. Por que não consigo mudar?". Porque isso requer espontaneidade e criatividade.

Nós nos preocupamos não com o que você sabe acerca de si mesmo, mas com o que consegue *fazer* consigo.

---

3. *Rationale*, no original: especificação de razões, razão fundamental, base lógica. (Nota dos Autores)

# O Êxtase e a Inversão de Papéis

*Zerka considera que os psicodramatistas são praticantes de uma arte que "conserta" as relações humanas. Moreno criou o palco psicodramático, no qual as pessoas podiam treinar suas capacidades para que vivessem encontros novos e espontâneos. O objetivo principal do psicodrama é estabelecer ou reestabelecer a tele entre as pessoas, ou nos diferentes papéis e figuras interiores.*

*Uma das técnicas mais importantes para atingir esse objetivo é a inversão de papéis. A inversão de papéis significa olhar para si mesmo pelo olhar de outra pessoa, ou a partir da perspectiva de outra pessoa. Para que realmente nos vejamos a partir da perspectiva de outra pessoa, é necessário passar pelo aquecimento por um período de tempo considerável, no papel do outro. Esse importante aspecto do tempo é por vezes subestimado.*

*A técnica de inversão de papéis é extasiante e, portanto, um instrumento dionisíaco no palco psicodramático. Dioniso é o deus do drama, do teatro e do envolvimento. A inversão de papéis é a técnica de absoluto envolvimento, da capacidade de ver a trama de outro ponto de vista, qualquer que seja ele. Assim, o protagonista precisa realmente sair fora do* self *e tornar-se outra pessoa.*

*Como diretor de psicodrama, muitas vezes é incrível ver quão prazeroso é para os protagonistas assumir o papel de, por exemplo, alguém que eles de fato detestem, ou alguém que realmente lhes cause problemas. Eles atuam esses papéis com um prazer cheio de malícia e maldade. Saem de si mesmos e encenam aspectos que jamais permitiriam que fossem exibidos de outra forma. Eles muitas vezes demonstram um grande prazer em se vestir da mesma forma que essa pessoa, e transformar a encenação numa caricatura.*

*No drama grego, tanto na tragédia quanto na comédia, os atores se fantasiavam e mascaravam substancialmente.*

> *Um disfarce completo era o sinal externo de que o ator abrira mão de sua própria identidade em honra ao deus, para permitir que outro ser falasse e agisse por intermédio dele. Dioniso, a quem os dramas eram dedicados, era o deus do êxtase. A palavra* ekstasis *significa "estar fora de si"; em outras palavras, seria a renúncia à individualidade.*
>
> (Simon, 1982: 10)

DAG: Ao ser treinado por você, constatei que você não trabalha mais com um monte de egos-auxiliares no palco. Em vez disso, você mantém o protagonista por períodos consideráveis no papel do outro. Após certo tempo, ele/ela geralmente começa a se sentir como essa pessoa e a ver a si mesmo com os olhos do outro. Eu considero esse longo aquecimento do protagonista no papel do outro uma verdadeira técnica "da Zerka".

Uma vez eu mesmo vivenciei essa situação num psicodrama que você dirigiu, deixando-me vivenciar a vida da minha mãe. O psicodrama lidou com a minha convicção de que, quando eu era menino, minha mãe se desfez de mim por egoísmo, de modo que pudesse aproveitar melhor a vida. Após a sessão, senti-me de modo diferente com relação a essa situação e consegui começar a me relacionar mais espontaneamente com minha mãe. Hoje temos uma relação bastante boa.

ZERKA: A palavra crucial aqui é *percepção*. Quando você entra numa cena com a sua própria percepção, ela é tudo o que você tem. Quando se invertem os papéis de verdade, há uma *mudança de percepção*, durante ou após o processo. É isso que se espera que sejam as mudanças e a inversão de papéis, e não que elas proporcionem a você conhecimento ou *insight*. Esses são artefatos que vêm com a tarefa. O aprendizado essencial é: "Opa, dessa perspectiva é diferente do modo pelo qual eu costumava ver as coisas". E aí você pode mudar sua própria percepção em termos desse novo aprendizado.

DAG: Você então diria que os diretores não deveriam se concentrar tanto no processo de ajuda para que o protagonista resolva seu problema, mas ajudá-lo(a) a fazer a inversão de papéis adequadamente, e deixar que o processo siga então seu próprio caminho?

ZERKA: A inversão de papéis pode ser apenas o início. Você pode ter ainda de guiar aquela pessoa para outras cenas. Moreno nos ensinou que todas as formas de psicoterapia deveriam *tocar o centro de cura autônomo do protagonista.* Quando o psicodrama não atinge esse propósito, ele é um psicodrama incorreto ou incompleto.

Clientes ou protagonistas são pessoas livres para agir. Eles vêm a nós com seus problemas, sofrimentos e preocupações. Uma forma de mudar isso seria por meio dos relacionamentos significativos. Somos *terapeutas da relação.* Você mencionou o psicodrama sobre a relação com a sua mãe, no qual você honestamente encenou partes da vida dela. Ninguém pode assumir *totalmente* a parte de outro ser humano. Na melhor das hipóteses podemos apenas nos aproximar de certos sentimentos. Desse ponto de vista, ninguém tem total percepção de outro ser humano. A percepção pode ser falha, frágil, incompleta e, freqüentemente, um tanto quanto distorcida, porque isso faz parte do ser humano. Talvez haja um Deus ou poder criativo capaz de ter essa percepção total. No entanto, isso não é dado a meros mortais. Mas a percepção no papel do outro nos leva muito próximo à essência desse outro e, por vezes, inclui sensações no corpo e mudanças no tamanho.

Dois psicólogos que se conheciam vieram fazer treinamento conosco desde a época da faculdade, havia 15 anos. Um deles realizou uma série de cenas com seu opressivo pai, sobre o qual ele havia falado a esse amigo muitas vezes. Quando terminou, o amigo disse: "Eu não conhecia você até agora". O que aconteceu é que ele teve uma percepção diferente da mesma pessoa, com o mesmo problema, mas com uma percepção mudada.

DAG: A palavra "êxtase" implica "sair fora de si mesmo", ou "renunciar à própria individualidade", em homenagem ao deus Dioniso. Em meus estudos sobre mitologia, cheguei à conclusão de que a inversão de papéis é, dessa forma, uma experiência extasiante.

ZERKA: Isso pode ser verdade se estivermos falando em termos filosóficos, mas, emocionalmente, seria de fato extasiante se você invertesse os papéis com alguém que seja seu opressor? Por exemplo, os reféns que vieram do Líbano precisariam dramatizar sua relação com seus seqüestradores para se livrar deles. Não estou segura de que a terapia verbal, ou seja, só falar sobre o assunto, possa fazê-lo. O momento em que você troca da sua perspectiva para a perspectiva do outro, e também olha para si ao mesmo tempo, esse momento transicional seria a experiência de êxtase porque você deixou o ponto de estase. Uma vez ouvi que Wittgenstein disse ou escreveu: "Para aprender a respeito do *self*, saia fora do *self*".

*Os psicodramatistas que trabalham com vítimas de tortura constataram que, a menos que essas vítimas invertam papéis com seus opressores, elas não conseguem deixar essas reminiscências e a imagem do torturador para trás. Estes estão sempre presentes. No entanto, quando têm a oportunidade de inverter os papéis com seus torturadores e estabelecer a tele, de modo que o torturador se transforme num ser humano em vez de uma imagem do mal, então essas reminiscências e suas influências destrutivas sobre as vítimas no aqui-e-agora diminuem.*

CAPÍTULO 4

# A Realidade Suplementar

*Os psicodramatistas muitas vezes trabalham com a realidade suplementar sem levar em consideração a sua perspectiva filosófica. O psicodrama geralmente se inicia com o problema do protagonista, e durante a sessão o drama retorna a experiências do início da infância para curar velhas feridas. Nesse caso, a realidade suplementar é usada como uma técnica para completar e curar, para ter um efeito integrador sobre o ego, de forma que o protagonista se sinta melhor e consiga tocar para a frente a sua vida. Levar ao palco um diálogo entre o protagonista e alguém que já morreu, ou atribuir a ele(a) um "novo" pai ou mãe são apenas dois exemplos dessa forma de usar a realidade suplementar.*

*No entanto, achamos que esse conceito e aplicação ortodoxos da realidade suplementar como técnica para atuar as fantasias e os desejos e, portanto, as necessidades do ego são um tanto quanto restritos e guardam pouca relação com o pleno potencial da realidade suplementar. A realidade suplementar constitui mais um instrumento de desintegração e deveria ser considerada um instrumento teatral para que o diretor crie desconforto, mal-estar e tensões no palco (Blomkvist e Rützel, 1944).*

ZERKA: Moreno teve essa idéia de poder suplementar, tirada da idéia de Marx sobre a mais-valia. Ele achava que algo semelhante existe no psicodrama. Moreno constatou que seus protagonistas se moviam dentro de áreas que não eram reais para ninguém exceto para eles, e eram de caráter puramente subjetivo. Os psicóticos são um exemplo extremo disso. Essas idéias ultrapassavam a fantasia, a intuição, eram quase como uma experiência de transe. Ele relembrou a idéia de Marx sobre a "mais-valia", segundo a qual o que o trabalhador produz resulta num ganho de capital pelo empregador, um adicional que não pertence ao capitalista, mas deveria, por direito, ser retornado aos trabalhadores. Moreno achava que a realidade suplementar está "aí fora" em algum lugar, deve ser concretizada e especificada, e devolvida ao centro do protagonista, onde tem significado e propósito. Ele sabia que não poderia chegar verdadeiramente ao psiquismo do protagonista a menos que ele habitasse, junto com o protagonista, a realidade suplementar. E ele fez com que nós, os membros do grupo e egos-auxiliares, igualmente a habitássemos, e nos ajudou a viver confortavelmente em nossa própria realidade suplementar. Uma vez que você penetra no psiquismo de uma pessoa, atinge uma dimensão que vai mais além da realidade subjetiva e objetiva. É uma espécie de realidade cósmica. É isso que eu acho que a realidade suplementar realmente é. Ela tem essa peculiaridade de ser fora do tempo e do espaço que nos coloca em contato com os poderes cósmicos.

Mais e mais, nos melhores psicodramas que faço, vejo a mim mesma como um canal e recebo orientação de algum lugar, seja esse inspiração, ou inspiração e intuição funcionando juntas, de modo muito específico, centrado. Minha história sobre o palhaço fará com que isso fique mais inteligível. Certa vez tive uma sessão com um rapaz que estava tendo problemas com uma chefe mulher no trabalho. Ele disse: "Eu não posso falar a ela como me sinto de fato com relação a ela e ao conflito que temos". Eu disse a ele: "A catarse mais profunda no psicodrama vem da realização dessas cenas, dessas interações, desses momentos que não acontecem, que não podem acontecer e jamais terão probabilidade de acontecer na vida real, não importa qual a razão. Então, por que você não diz isso para ela aqui?". Para possibilitar que ele tivesse mais poder e a liberdade de fazê-lo, sugeri que ele subisse numa cadeira. "Ela é uma mulher grande?" Ele respondeu: "Sim". "Ela é mais alta que você?" "Sim." Continuei: "Muito bem. Então suba nesta cadeira e você ficará maior e mais alto". Isso deu a ele o poder de realmente se soltar; ele o fez e tornou-se um tanto quanto volúvel, espontâneo e cheio de força. Eu estou sentada no chão, meus olhos estão mais ou menos no mesmo nível que os bolsos da calça dele. Estou olhando para um dos bolsos, e penso: "Estou ficando maluca? Estou alucinando". E minha voz interna diz: "Não, você não está. Você está vendo claramente". E o que é que eu via? Um palhacinho de duas e meia a três polegadas de altura, dançando no bolso dele e fazendo caretas e gestos engraçados. Um palhaço muito interessante. O protagonista é divertido, mas não se parece com um palhaço. Quando ele termina a cena e desce da cadeira, relata sentir-se aliviado, e diz que tentará falar com ela com mais autoconfiança. Digo a ele: "Sabe, é muito estranho, mas quando você estava realizando essa cena eu vi um palhaço em você". Imediatamente, ele prendeu a respiração, suspirou fundo e fez uma revelação: "Há um segredo nesta sala. Eu faço terapia de palhaço[1] no Hospital Infantil". Eu não havia recebido essa informação dele. Ele havia se apresentado como terapeuta que trabalhava num hospital, e isso era tudo. É a isso que me refiro quando digo que sou guiada, que sou um canal, aberto e disponível. Trata-se de intuição casada com inspiração.

DAG: Acho que é muito importante abrir o *self* da pessoa quando estamos trabalhando com a realidade suplementar. Moreno também foi guiado quando escreveu um dos seus livros mais importantes, *As palavras do Pai*. Você poderia falar um pouco sobre as circunstâncias em que esse livro foi escrito?

ZERKA: Tenho certeza de que ele estava num estado de êxtase. Não há dúvida sobre isso, e ele o admitiria. Curiosamente, ele me disse que enquanto estava escrevendo *As palavras do Pai* não sentiu nenhum tipo de desejo sexual. Seu aquecimento deu-se numa dimensão totalmente diferente, em outro estado. Nesse estado, ele ouvia vozes, não como um paciente psiquiátrico, mas ouvia vozes. E as vozes estavam dizendo a ele o que escrever, e isso foi o que ele escreveu com tinta vermelha, nas paredes de um quarto no pavimento superior da casa

---

1. *Clown-therapy* no original. Equivale ao programa "Doutores da Alegria" aqui no Brasil. (N. da T.)

dele, que parecia um castelo e tinha uma pequena torre. O livro foi publicado anonimamente em 1922. Na verdade, todos os livros dele escritos em alemão foram publicados anonimamente, inclusive *Das Stegreiftheater* [O teatro da espontaneidade], porque ele achava que a criatividade é uma categoria anônima. Todos nós somos criadores potenciais. Deus não pôs Seu nome nos animais, mas o homem o fez. Então, a idéia de Moreno era de que, quanto mais próximo estamos de Deus, mais criativos nos tornamos. E Deus também foi nomeado pelo homem. Os hebreus não falam sobre Deus; ninguém tem permissão para pronunciar Seu nome. É impronunciável. Eles também não têm permissão para escrevê-lo plenamente. Então, se você realmente quer ser como Deus, você é anônimo. Isso ajuda você, pois o seu ego desaparece, o que lhe possibilita fundir-se com o cosmos. A propósito, um aspecto colateral curioso e totalmente imprevisto desse anonimato foi que seus livros alemães não foram destruídos no período de Hitler, uma vez que não traziam o nome de um autor. Após a Segunda Guerra Mundial, Grete Leutz achou um desses livros numa livraria da Alemanha.

*A linguagem hebraica não escreve as vogais porque elas pertencem a Deus. Essas vogais são: i e o u a. Se você as emitir, elas formarão o nome de Deus: Jeová.*

DAG: Qual a relação entre o conceito que Moreno tinha de Deus e sua construção do palco psicodramático?

ZERKA: Antes de mais nada, o palco é circular. O pequeno planeta em que vivemos também é circular. Moreno criou seu próprio reino. Ele jamais poderia ser quem foi sob a égide de alguém. Isso é uma semelhança com Deus, construir seu próprio pequeno reino. Ele teve a sorte de poder fazê-lo e sacrificou muitas coisas em razão disso. A idéia de que o palco é circular também significa que você aprende a controlar seu próprio mundo aqui pela ação. A metáfora é muito clara. Outra coisa a respeito do círculo é que ele é total e completo em si mesmo. Não há começo nem fim, em termos de tempo, por exemplo. O círculo, portanto, representa totalidade, integridade e perfeição. Nosso globo, também, é um círculo tridimensional. Dessa forma, o palco pode ser considerado nosso globo, um lugar onde aprendemos a administrar nosso próprio mundo espontaneamente.

Creio que uma parte importante da origem do palco psicodramático foi o período das brincadeiras de Moreno com as crianças nos jardins de Viena. Quando estava contando histórias a elas, ele se sentava sob ou sobre o galho de uma árvore. A árvore tem um formato quase circular, e as crianças sentavam-se em volta dele num semicírculo, uma espécie de meia-lua. Essas experiências tiveram um impacto muito grande sobre ele, pois, é claro, o teatro grego também tinha um formato semelhante.

Seu Teatro da Espontaneidade original foi muito diferente; ele tinha um palco central principal e vários palcos laterais. Mais tarde, ele desenvolveu um palco de três níveis, um palco principal concêntrico com dois níveis periféricos ao redor dele. O primeiro nível é o da realidade, o segundo é o da entrevista e o terceiro, o da ação, e onde a realidade suplementar se manifesta. Ele também tem um balcão para os assim chamados "superegos". Moreno considerava que os pacientes psicóticos viviam em grande parte na realidade suplementar. Obviamente, não é a minha realidade ou a sua, é a realidade subjetiva dele. A realidade subjetiva pode ser quase qualquer coisa, em qualquer lugar. Você pode se sentar e devanear e então você estará na realidade suplementar — mais além da realidade.

DAG: Você poderia, por favor, explicar o propósito dos diferentes níveis do palco um pouco mais detalhadamente?

ZERKA: O nível mais baixo é o nível do aquecimento. O maior passo é o que faz com que um membro do grupo se transforme num protagonista: ao se levantar daquela cadeira em que você se senta entre os outros, onde você estava a salvo, para se expor e dizer: *Mea culpa est*. Esse é o primeiro nível, o do aquecimento.

No nível intermediário, você ainda não se encontra em ação. Você é entrevistado para ficar pronto para o nível da ação, que é o nível superior do palco. Todos os níveis, na realidade, conduzem à realidade suplementar uma vez que você sobe neles, mas você está mais próximo à realidade cotidiana no início quando se levanta. Geralmente, você não entra na realidade suplementar antes que seja entrevistado e aquecido para a ação.

No entanto, há uma exceção, a saber, quando se pede que você faça um solilóquio enquanto está caminhando no nível inferior, porque esse nível é mais generoso e fácil de caminhar. Aí, você já está na realidade suplementar, mais além da realidade cotidiana, porque na vida você não caminha em círculos fazendo solilóquio dos seus sentimentos, idéias e emoções internos, pelo menos não em público, onde todos podem ouvir e ser testemunhas.

DAG: Você diria que o diretor e o protagonista têm de se distanciar um pouco do grupo para estabelecer uma relação, podendo essa ser a função principal do segundo nível?

ZERKA: Sim, você ainda não está em ação, mas vocês estão começando a trabalhar juntos. Outro ponto refere-se ao fato de que Moreno trabalhava com um número muito grande de pacientes seriamente perturbados; para eles, ele usava o segundo nível como modo de apresentar o protagonista ao grupo e ao processo sem partir direto para a ação, e essa também era uma forma de dizer aos outros: "Esse é o seu palco. A qualquer momento em que queiram subir e se apresentar, nos sentaremos aqui juntos da mesma forma". Tratase de um ponto intermediário entre ser um membro do grupo e ser um protagonista. Facilita o grande salto de membro do grupo a protagonista, ao subir e começar a ser entrevistado pelo diretor.

DAG: Você diria que essa fase de entrevista no segundo nível é de qualidade diferente daquela do nível de ação?

ZERKA: Sim, ela dá o ritmo àquilo de que trataremos hoje. Por exemplo: "Qual é sua principal preocupação? Por que você está aqui?". Isso estabelece o enquadramento. A entrevista no nível da ação tem propósitos de direção, aprofundamento e expansão. Na entrevista, começamos a partir da preocupação do protagonista, e como ela afeta a vida dessa pessoa. "Quem está envolvido nisso com você? Você pode nos apresentar a essa pessoa ausente mediante a inversão de papéis?". Em outras palavras, começamos a expandir a situação e a explorá-la em todas as suas dimensões por meio do centramento da entrevista no protagonista e seu mundo.

DAG: Você poderia dizer alguma coisa sobre o balcão?

ZERKA: Na verdade, trata-se de um arranjo muito maleável. Quando a Terra é representada no palco, o balcão pode ser o céu; quando o balcão é a Terra, o palco pode ser o inferno ou todos os tipos de níveis intermediários. As pessoas com muita freqüência colocam pessoas falecidas no balcão, ou sua concepção de divindade, ou o mundo do além. Inversamente, ele pode ser usado de forma muito prática como a balaustrada de uma ponte quando alguém deseja cometer suicídio, o tombadilho de um navio para uma lua-de-mel ao luar, algum tipo de cena romântica. O balcão é um instrumento muito flexível, e pode ser usado de muitas formas diferentes. Você pode viajar na dimensão vertical assim como na horizontal.

DAG: Como o termo "superego" veio para o psicodrama? Era um termo psicanalítico, originalmente.

ZERKA: "Superego" da forma como Moreno usava era uma variante com relação à de Freud, e para Moreno seria o terceiro nível do próprio ego, e intrapessoal. Para Moreno, ele representava um papel heróico. Ele observou que os heróis são sempre olhados de baixo para cima. São maiores que a vida, e maiores que o humano, como os deuses na Grécia, vivendo lá no alto do Monte Olimpo, e olhando aqui para baixo na Terra. Ou pense em Hitler, Mussolini, a Família Real ou o papa. Eles sempre fazem questão de aparecer num pódio alto ou balcão, de modo que as pessoas têm de olhar para cima para vê-los. Então, conferimos a eles uma qualidade mais que humana, uma qualidade sobre-humana.

*Mandala é uma palavra em sânscrito que quer dizer "círculo mágico", e é um dos símbolos religiosos mais antigos que existem. Trata-se de um desenho com formas e figuras tais como quadrados, triângulos e círculos arranjados concentricamente ao redor de um centro. Mandalas são símbolos da unidade, do* self, *e do todo. Na natureza, podemos descobrir mandalas numa célula, numa nebulosa espiralada, no átomo, no sistema solar, numa teia de aranha, ou num floco de neve. Algumas das mandalas feitas pelo homem são, por exemplo, as famosas rosetas das catedrais medievais, o Yin e o Yang, o pentagrama. Uma mandala é uma imagem do Universo: ela cresce constantemente a partir de um centro, e tende para a periferia, e, ao mesmo tempo, converge da diversidade para o centro.*

*O centro é um ponto, um conceito abstrato, que não tem dimensão em si mesmo. Expandindo-o em direção a uma segunda dimensão, chegamos ao círculo, que, na terceira dimensão, torna-se uma esfera. Se nós agora adicionamos a próxima dimensão, o tempo, chegamos à criação do Universo ou, como os nativos americanos dizem, o mundo de Maya. Se retirarmos o espaço e o tempo, que não passam de um ilusão para os índios americanos nativos, então todo o Universo desaba sobre seu ponto central primário. Esse ponto central, que em termos materiais não existe, é comum a todas as mandalas; nele, todos os opostos se encontram, e a polaridade cessa de existir. É como o eixo de uma roda que gira, o qual permanece imóvel.*

*Podemos encontrar idéias semelhantes relativas ao centro e à periferia do palco no livro de Moreno* O teatro da espontaneidade, *publicado na Alemanha em 1924, com o nome de* Das Stegreiftheater, *no qual ele escreveu o seguinte:*

> *Quando entrei num teatro, sabia que este havia se desviado muito de sua forma primordial. Então, depois de eu haver construído um palco para o novo teatro, designado a oferecer à humanidade uma espécie de religião dramática, muitos perguntaram por quem eu havia sido influenciado no sentido de construir um palco de tais dimensões, um palco que se situa no centro em vez de na periferia; um palco que permite movimentos ilimitados ao invés de limitados; um palco aberto para todos os lados, em vez de apenas na frente; um palco que tem toda a comunidade ao seu redor, em vez de apenas uma parte; um palco que tem a forma de um círculo ao em vez de um quadrado; um palco que se desloca na dimensão vertical, em vez de se manter num nível único. O estímulo não foi o palco de Shakespeare, ou o palco dos gregos, eu havia tomado a própria natureza como modelo.*
>
> (J. L. Moreno, 1973: 4)

*Outra definição de palco psicodramático aparece num artigo de Leif Dag Blomkvist e Thomas Rützel, no qual eles escreveram o seguinte:*

> *No palco psicodramático não há qualquer diferenciação de tempo. Também não há diferenciação entre dois tipos distintos de realidade, sendo uma considerada mais real, válida ou verdadeira do que a outra. A realidade suplementar pode ser definida como uma interseção entre diferentes realidades, conhecidas e desconhecidas, em que a capacidade do ego de controlar e distinguir cessa. Esse estado determina o êxtase, que entendemos a partir de sua raiz etimológica como sendo "sair dos limites da individualidade de alguém". Trata-se de um estado em que a pessoa não vivencia as coisas do modo usual, mas as vê a partir de outra perspectiva, não-familiar. Essa perspectiva pode pertencer ou a uma parte desconhecida do* self, *ou a outra pessoa, conhecida ou desconhecida, ou a uma força impessoal.*
>
> (Blomkvist e Rützel, 1994: 235)

CAPÍTULO 5

# APLICAÇÕES CLÍNICAS: O USO DO HUMOR E DE OBJETOS MÁGICOS

*Zerka T. Moreno*

Moreno queria ser lembrado como "O Homem que Trouxe a Alegria e o Riso à Psiquiatria". Ele me disse isso antes de morrer, e isso foi gravado em sua lápide. A idéia de haver riso e alegria no que é geralmente considerado um assunto tão sério pode parecer desagradável a algumas pessoas, e talvez as faça sentir que estamos sendo frívolos, e, portanto, difamando nossos pacientes. No entanto, o riso, quando adequadamente utilizado, pode trazer alívio ao que é com freqüência uma situação estressante e criar um espaço em que se possa obter uma distância objetiva. Isso não quer dizer que transformemos uma situação trágica em algo sem sentido, mas sim que lançaremos uma nova luz sobre ela, o que, por sua vez, pode facilitar o surgimento de respostas e atitudes inteiramente novas.

Encontrar um objeto mágico e inseri-lo como instrumento de cura está implícito em qualquer teatro de improviso, e temos apenas de recordar esse efeito ao assistirmos um mímico talentoso como Marcel Marceau, que os produz com grande graça e naturalidade, a partir do nada. Isso nos impele em direção ao reino da maravilha e da surpresa.

Os casos a seguir demonstram a aplicação do humor e de objetos mágicos para possibilitar ao protagonista encontrar novas forças, criatividade e integração.

A cliente é uma jovem atriz de 22 anos. O problema trazido por ela refere-se ao estado depressivo de seu pai. Nos últimos 12 anos, ele tem ameaçado se suicidar. Sua mãe divorciou-se d[illegible] e casou-se novamente, num matrimônio feliz. Ele afirma q[illegible] a única mulher a quem jamais amou, e não a perdoa por havê abandonado. A cliente, a quem chamarei de Naomi, é a única filha desse casamento.

Naomi arruma a cena, um canto da cozinha onde ela prepara as refeições deles; ela suspeita de que ele não se alimente adequadamente, pois já perdeu muito peso ao longo dos anos, e sua depressão é intensa. Ela inverte papéis com o pai e é entrevistada neste papel. Fica claro que ele não dá nenhum valor à própria vida, que apenas se movimenta como se fosse um robô. De volta ao seu próprio papel, Naomi escolhe um ego-auxiliar para representar o pai, e a cena começa. Logo fica evidente que, não importa qual argumento Naomi apresente, ela é incapaz de penetrar no muro de desgraça erigido ao redor dele. Ele parece extremamente virtuoso e declara que a mãe de Naomi é a culpada. Ele só quer morrer.

Naomi olha para mim com ar de desamparo, levanta os ombros e as mãos, e diz: "Você vê, ele funciona exatamente dessa forma. Não há saída, e eu fico tão furiosa que todo amor que sinto por ele se desfaz. Mas ele é um pai amoroso, e tenho pena dele. O fato é que sua depressão fez com que minha mãe se afastasse dele. Agora ele não tem mais ninguém no mundo a não ser a mim. Ele não faz nenhum esforço para estabelecer outras ligações. E aí é que eu não posso mesmo ficar com raiva dele".

Encorajada por mim a tentá-lo agora, ela diz que não com a cabeça, começa a soluçar e diz: "Eu não consigo, nem mesmo aqui". Deixo que ela chore e a conforto, de forma que ela possa pôr para fora seus sentimentos. Quando ela pára de soluçar e se acalma, dispenso o ego-auxiliar e peço que ela inverta os papéis e seja o pai dela.

Agora volto a entrevistá-lo, demonstro comiseração e digo a ele que, de fato, sua vida é totalmente sem sentido. Então, à medida que se sente mais relaxada no papel, eu recordo que esse cenário já existe há muito tempo, desde antes do casamento deles e subseqüente divórcio, que Naomi está lidando com "a mão-morta[1] da história". Entrando de forma totalmente bufa[2] na realidade

---

1. *Mão-morta*, ou *bens de mão-morta* — termo legal para designar a posse inalienável de terras ou edifícios por uma corporação religiosa. (N. da T.)

2. *Zany* no original. Corruptela de *Giovanni*, originalmente, um cômico do teatro italiano, que imitava com mímica as ações do palhaço profissional. (N. da T.)

suplementar (lembrem-se da pintura do cachimbo feita por Magritte que traz a frase *Ceci n" est pas une pipe* — "Isso não é um cachimbo" — querendo dizer que se trata apenas de uma reprodução de um cachimbo), percebo que estou diante da reprodução de uma desgraça — mas será que se trata verdadeiramente de uma desgraça? Então, digo a ele: "Compreendo que o sr. queira morrer. O sr. gostaria de morrer comendo morangos?". Naomi fica completamente tomada pela surpresa e desata a rir sem parar, o que vem a quebrar o feitiço.

Quando Naomi se acalma novamente, sugiro que retorne ao seu próprio papel, a partir dessa percepção de que seu pai tem se valido da simpatia dela por ele nesses 12 anos, e nenhuma intervenção que ela faça nele o afastará dessa trilha. A lógica não faz nenhum sentido para ele. A seguir, proponho que ela refaça a cena com o mesmo ego-auxiliar, a quem instruí para que não se afaste de seu papel de mártir. A tarefa dela não é mais tentar dissuadi-lo, mas concordar com qualquer argumento que ele traga à baila. Estamos experimentando, é claro, uma nova resposta para uma situação antiga, guiando-a rumo a uma reação espontânea sem relação com o passado.

Agora, observamos, enquanto Naomi relaxa e tenta manter uma expressão séria, ela responde a cada um dos desafios dele com um calmo: "Sim, é claro. O sr. tem razão, papai. Entendo o que o sr. quer dizer..." etc.

A questão aqui é que Naomi tinha certeza de que seu pai se suicidaria, e era dever dela dissuadi-lo disso. Quando ela percebeu que isso não fazia parte dos planos dele, senão ele já o haveria feito há muito tempo, começou a dar-se conta de como se havia enredado nessa trama. Ao ser ajudada a sair da trama por meio do riso, começou a lidar consigo mesma e com o pai de outra maneira.

O ego-auxiliar compartilhou o fato de que esse jeito novo era, de alguma forma, reconfortante para ele; ele não tinha de se esforçar tanto para convencê-la da profundidade de sua desgraça, e isso aliviava o sofrimento dele. Ele foi ouvido e confortado, e não persuadido a mudar.

Naomi é instruída para levar essa forma diferente de lidar com o pai para sua vida. Mais tarde ela contou que, de fato, ele começou a abrandar e mesmo a admitir que talvez estivesse exagerando na sua desgraça. Era como se, ao ela descobrir esse novo tipo de contato com ele, não como adversário, mas como camarada de armas, ele pudesse se liberar um pouco do passado e voltar-se mais inteiramente para o presente. Ela lentamente se tornou capaz de dar assistência a ele para que superasse parte de sua relação mal resolvida com a mãe dela. Expliquei também que isso de forma alguma diminuiria a lealdade dela à mãe.

Vocês poderiam perguntar: "Zerka, como foi que você veio com essa história maluca: 'O sr. gostaria de morrer comendo morangos?'". Trata-se de um caso de imaginação ativa da parte do terapeuta, uma forma de sair de um pequeno e apertado beco sem saída, e circular por um mundo mais amplo em direção a uma surpresa. Anos antes, eu havia assistido a um filme não muito significativo mas engraçado com Eddie Cantor, chamado *O menino espanhol*. O enredo era bastante pesado, e quando o protagonista, no caso Eddie, vê-se diante da iminência da morte, acossado por um bando de escroques que o estão fazendo pagar por alguma falcatrua cometida por seu pai, já falecido, esses dizem a ele: "Vê se fica esperto, você vai morrer, mas pode escolher sua última refeição. E aí, o que você quer comer?". A resposta de Eddie é: "Eu gostaria de morrer comendo morangos". Respondem a ele de forma curta e grossa que "Não estamos na época de morangos", ao que Eddie replica: "Eu posso esperar".

Não foi apenas minha questão que me surgiu como uma saída para a situação; no fundo, percebi que a questão naquele momento era "Eu posso esperar". E esperar era algo em que o pai de Naomi era bom: esperar pela morte, mas também esperar por alguém que o ajudasse a sair daquele "furacão de desgraça".

Como se pode ensinar aos estudantes a imaginação ativa, criativa? Talvez permitindo que eles descubram seus aspectos malucos de tal forma que os ajudemos a adequar a punição ao crime, por assim dizer. É aí que a realidade suplementar entra a serviço do terapeuta. Ninguém está *sendo* realmente maluco, mas apenas brincando nessa esfera.

Meu segundo caso ilustra como o uso de um objeto mágico pode produzir um mergulho dentro da realidade suplementar, em benefício do protagonista.

Uma mulher de 30 anos, com carreira acadêmica na universidade, se apresenta com seu problema de toda uma vida: ela se sente claramente inferior em todos os aspectos com relação à sua bela e talentosa mãe, uma estrela de ópera. Um aspecto visível desse desgosto é a aparência física de Laura. Ela tanto fica de pé quanto sentada com a cabeça inclinada para baixo e o pescoço curvado como uma florzinha murcha. Mesmo durante o processo de entrevista comigo, essa postura não se modifica muito. Suas costas nunca estão eretas. Peço a Laura que monte uma cena com sua mãe, que nos revelará suas interações típicas com essa mulher imponente. Fica claro que ela ainda se sente como uma tímida criança de sete anos na presença dela, olhando para o alto para a mãe no apogeu de sua altura olímpica. Quando se pede que ela faça um solilóquio sobre seus sentimentos, ela irrompe: "Eu costumava ser capaz de cantar e curtir minha voz, mas depois de te ouvir, tornou-se impossível para mim erguer a minha. E agora, na universidade, quando estou dando aulas, percebo que o tom de minha voz está sendo afetado e os alunos talvez não consigam me ouvir".

Para mim, essa voz reduzida requer algum tipo imediato de intervenção. Antes de mais nada, verifico se há alguma razão médica ou física que justifique esse fenômeno. Laura admite que ela freqüentemente se fez a mesma pergunta, e já realizou exames: os resultados foram negativos. A possibilidade de contato por longos períodos com Laura não é fácil; ela mora longe e veio ver-me nas férias, tendo sido levada a fazê-lo por insistência de uma amiga íntima. Ao observar seu orgulho pela carreira acadêmica durante sua apresentação, sou atingida pelo fato de que uma criança com sete anos estaria prestes a começar a se interessar pelo uso de uma régua. Vocês notarão que nossas interpretações derivam da *performance* da cliente; elas podem não ser proferidas em voz alta, apenas as colocamos em ação. Devo admitir que essas conexões nem sempre são feitas de modo consciente, mas em algum nível subliminar. Muitas vezes, elas não se tornam claras para mim a não ser após o fato. Peço a Laura que fique tão ereta quanto possível, pois tenho de lhe dar um remédio. Ela coopera bem, e ergue mais a cabeça. Quando peço que feche os olhos e abra a boca, ela obedece docilmente. Lembrem-se de que, quando estamos doentes e necessitados de um remédio na infância, várias vezes ele nos é dado oralmente. No entanto, eu não interpretei isso para ela, mas pus minha interpretação em ação imediata. Ela tomou contato com o talento da mãe aos sete anos e ficou profundamente impressionada ao ouvi-la cantar. Até então, cantar havia sido um passatempo delicioso para ela. A partir daí, essa possibilidade de expressar sua alegria lhe foi roubada. Neste momento, a menina de sete anos está em via de ser curada.

Digo a Laura que vou dar a ela uma "régua mágica", macia e muito maleável, que acalma a garganta e o peito; vai ajudá-la não apenas a ficar mais ereta, mas a abrir o peito, possibilitando que o ar seja inalado e exalado livremente. Estou alimentando uma parte do corpo que se encontra em estado de privação, seu trato vocal. Colocando dentro dele algo calmante, ela será capaz de emitir algo calmante. Sugiro a ela que deixe que "o remédio" a penetre, e, quando estiver totalmente dentro dela, que o engula. Ela é boa para seguir essas sugestões: a suscetibilidade à sugestão é um aspecto profundo da personalidade de Laura, como verificamos desde a primeira cena. Depois de ela haver engolido algumas vezes, peço que acomode a cabeça lentamente numa posição confortável e sinta a força que a régua mágica conferiu a ela, inclusive possibilitando que mantenha a cabeça erguida, os ombros relaxados, o peito expandido. Ela faz como a instruímos. Quando fica pronta, abre as pálpebras e exibe um olhar brilhante.

Quando perguntamos se consegue sentir aquela força adorável, suave, flexível dentro de si, ela aquiesce com a cabeça. "O que você quer cantar agora? Sei que você é capaz disso, talvez não da forma como sua mãe o faz, mas do seu jeito". Laura pensa por um momento e diz: "Eu me lembro de haver tentado cantar no coral madrigal da escola; fui recusada, mas conheço vários madrigais porque eu costumava sentar num canto e prestar atenção no coro, na expectativa de que pudesse vir a cantar um dia". "Faça-o agora e deixe que nós o apreciemos junto com você", corrigindo dessa forma dois eventos traumáticos de uma só vez.

Laura ergue sua voz, que é doce e clara; ela canta para sua própria satisfação. É difícil transmitir as lágrimas de alegria que se seguem à sua *performance*, o prazer que ela nos proporcionou, e a si própria.

A mágica e a realidade suplementar pertencem ao mesmo domínio. Moreno declarou que o princípio gêmeo, espontaneidade criatividade, é a base do nosso trabalho. Usando-se os gêmeos por meio do retorno à nossa fonte primordial em que tudo é possível, somos transportados para o domínio mágico que nos pode curar. Não nos devemos esquecer dessas fontes primordiais da nossa humanidade, mas confiar nelas como as crianças o fazem. Fazer reviver a criança confiante, a que existia anteriormente ao trauma, é com freqüência a essência da cura. Isso nos leva de volta às brincadeiras de Moreno com as crianças nos jardins de Viena. Ele o descreve em *Psicodrama: primeiro volume*, como "O Reino das Crianças", um lugar mágico que ele não desejava abandonar jamais. O retorno a essas raízes leva-nos à realidade suplementar.

Eu uso um objeto mágico diferente no terceiro exemplo. Um rapaz, Brian, se oferece como protagonista em meio a um encontro muito grande de pessoas, exprimindo a preocupação de que, aos 32 anos, ainda não conseguiu encontrar a companheira de sua vida, que tanto tem procurado. Ele admite que não se permite assumir um compromisso final; sabe que tem conexão com a sua mãe e à morte dela. Quando perguntamos que idade tinha quando ela faleceu, responde que tinha 14 anos. Quando perguntamos se estava presente no momento da morte dela, ele quase começa a chorar e mal consegue sussurrar: "Sim". Então, ele monta a cena. Ele e a mãe estão escalando uma montanha. Ambos são bons e experientes alpinistas, mas, a despeito disso, a mãe perde o pé e mergulha para a morte. Brian se culpa por não ter sido capaz de salvá-la. A tensão no grupo é palpável. Fica claro que a identificação com Brian é muito profunda.

Sugiro que ele diga à mãe, incorporada por um ego-auxiliar escolhido que fica deitado no chão, o que ele não pôde dizer a ela durante sua vida, e como isso o perseguiu todos esses anos. Ela foi uma boa mãe, e ele a amava muito. Brian se ajoelha ao lado dela e fala sobre seu terrível sofrimento, e seus sentimentos de culpa e remorsos nesses últimos 18 anos. Ele pede perdão a ela por não haver conseguido salvar sua vida. O ego-auxiliar também está chorando e diz que ela o havia perdoado há muito, pois ninguém poderia tê-la salvado, que ele não deveria mais carregar esse peso. Ela dá a ele sua permissão para que encontre a companheira de sua vida. Ele não tem de ficar se culpando, e tem todo o direito de ser feliz. Eles se abraçam e choram juntos até que ele se acalme. Sugiro então que ele permita que ela se vá em paz, enquanto o ego-auxiliar se levanta, se afasta e sai pela porta atrás do grupo, enquanto Brian a observa em silêncio. (Sempre temos alguém que vai e recupera o ego auxiliar, trazendo essa pessoa de volta ao grupo, depois de ter tido a oportunidade de se livrar do papel.)

Sinto que isso ainda não foi suficiente para liberar Brian. Ele ainda se sente profundamente ligado à mãe. Digo-lhe que esses últimos 18 anos de sofrimento constituem uma corda umbilical emocional muito longa ligando-o à mãe. (Lembrem-se de que a corda do alpinista não foi capaz de segurar a mãe.) Agora que ela e ele estão reconciliados, é preciso desenrolá-la e cortá-la. Ele pula da montanha imaginária e desce ladeira abaixo, começando a desenrolar a corda do seu umbigo. Eu o encorajo a não se apressar, a que faça uso dos 18 anos aprisionadores para se libertar. Então, quando ele pára, jogo para ele um par de "tesouras mágicas". Brian as apanha e corta a corda. Eu então lhe recomendo que dispense à corda um enterro amoroso, uma vez que ele e a mãe tiveram uma ligação amorosa. Ele cava com as mãos, cria uma bela cova funda, com cuidado ergue a corda e a deposita lá, cobre-a com a terra, bate de leve com a mão amorosamente, ficando por alguns minutos ao seu lado.

Quando volta para o grupo, apenas nos juntamos silenciosamente a ele, num abraço grupal. Nenhuma palavra é proferida. Por vezes, apenas o silêncio é apropriado. Brian nos deixa, com a cabeça erguida e o rosto relaxado. Não tenho dúvidas de que, não importa o que o futuro lhe traga, poderá ser enfrentado de forma diferente.

Desde então, tenho usado essas tesouras mágicas algumas vezes, e elas nunca falharam, para mim ou para o protagonista. Rotineiramente, peço ao protagonista que faça o favor de me devolvê-las, uma vez que poderão ser úteis a outras pessoas.

Há muitas formas de produzir objetos mágicos quando necessário, e a técnica da realidade suplementar nos leva a novos níveis de vivência de nós mesmos no mundo.

CAPÍTULO 6

# A Experiência Surrealista

*"A experiência surrealista" é uma expressão usada pelos surrealistas, que, no entanto, poderia ser também muito valiosa para a psicoterapia e para o psicodrama. Poderíamos considerá-la um momento de transição em que princípio e fim são a mesma coisa. Esse momento de transição caracteriza-se pelo sentimento de estranhamento e pelo ato de espera e expectativa. O que era familiar num primeiro momento torna-se agora não-familiar e estranho. A realidade se amplia, o que coincide também com a descrição moreniana de realidade suplementar. A palavra* wide *[amplo] deriva da palavra indo-germânica* ui-itos, *que quer dizer, em alemão,* Auseinandergegangen. *Não há equivalente em inglês para essa palavra alemã, mas uma tradução literal poderia ser "algo derivado de outro" ou, em outros termos, "partir-se em pedaços". A realidade suplementar, vista desta perspectiva, leva à desintegração ou ao desmoronamento.*

> A espera, acima de tudo, implica que algo está faltando, algo pelo qual alguém está à espera. No entanto, isso que está faltando ao mesmo tempo preenche o ato da espera com um conteúdo significante, transformando o sentimento de ausência no seu oposto.
>
> (Sjölin, 1981: 407)

*Esse momento de falta de clareza era algo que os surrealistas consideravam de duas maneira divergentes: uma, que acolhe a espera como uma pré-condição desejável e uma força que impulsiona a descobertas; e outra, que associa a espera com restrição e total disponibilidade.*

DAG: Você acha que, como psicodramatistas, tentamos aliviar a dor de nossos pacientes e chegar a uma solução de forma excessivamente rápida? Não seria interessante que o psicodrama encorajasse o paciente ou protagonista a experimentar o sofrimento e a paciência?

ZERKA: Moreno algumas vezes conceituou o psicodrama como uma pequena injeção de insanidade sob condições controladas. Quando questionado sobre os perigos de tal procedimento, sua resposta foi: "Não estou muito preocupado com a loucura, mas com o controle. Se o paciente fizesse lá fora, no mundo, o que faz no teatro, poderia ser perigoso tanto para ele próprio quanto para os demais. No psicodrama, o paciente pode fazer ambos: realizar o ato assim como, por meio dele, aprender a se controlar". O teatro do psicodrama deve outorgar poder ao protagonista para que possa vivenciar a insanidade dentro de uma situação protegida, e na qual o controle possa ser conquistado.

Certa vez, eu estava às voltas com uma paciente aparentemente suicida. Tive a sensação de que ela estava brincando com o suicídio e, na realidade, não tinha a intenção de cometê-lo. Minha impressão foi confirmada quando ela declarou durante o psicodrama que cometeria suicídio ingerindo três pílulas de Valium. Isso não me soou sincero. Encorajei a paciente a tomar mais pílulas. E ela retrucou: "Então tomarei quatro pílulas". "Bem, também não dá para morrer tomando tão pouco." Encorajei-a a ingerir algo venenoso, de forma que ela pudesse viver um sofrimento verdadeiro e a dor da morte intensamente. Ela foi ficando cada vez mais resistente a encarar seu suicídio e morte. Eu a estava conduzindo em direção ao sofrimento, e entrei na realidade suplementar. Fui mais além da realidade para poder proporcionar-lhe essa experiência. Eu não queria solucionar seus problemas. O que ela necessitava era passar pela experiência do suicídio sem a pressão de realizá-lo na vida real. Avaliei sua necessidade como sendo um pedido de socorro, de forma que, na cena seguinte, a pessoa que ela mais amava se aproximou de seu leito e declarou seu amor e o quanto precisava dela.

Há uma linda canção dos Beatles dos anos 60, que se chama *Let it be* [Deixe Acontecer], que se refere à idéia da espera, da submersão na experiência, do fluir com o momento. Isso tem um significado em si mesmo — quase zen.[1] A experiência surrealista é algo existencial.

Quando eu cheguei na América pela primeira vez e me sentia muito solitária, nas noites quentes eu costumava ir ao Riverside Drive, em Manhattan, Nova York. Eu me postava na parte mais alta e olhava para baixo na Riverside Drive, e via a massa de carros indo e vindo na rua. Eu dizia a mim mesma: "Olhe para eles, todos têm aonde ir; eu não tenho nenhum lugar aonde ir. Ninguém sabe que estou aqui. Sinto-me como se fosse os destroços de um naufrágio no meio do oceano, totalmente sem raízes. O que estou fazendo aqui?". Foi uma época muito dolorosa. Para mim, todas as demais pessoas no mundo pareciam ter um objetivo; elas se dirigiam a algum lugar. Eu não me dirigia a lugar nenhum. Olhando para trás agora, valorizo enormemente essa experiência tão real. Eu não tinha raízes; havia deixado a Europa e ainda não me havia enraizado aqui. Tratava-se de uma verdade existencial, embora aflitiva e angustiante.

DAG: Será que é bom para uma pessoa se sentir como um destroço?

ZERKA: Na época, foi terrível, uma agonia assustadora. Muitos de nós a experienciamos alguma vez na vida. Não é sempre tão sintética como eu apresentei, mas é a compreensão, em algum nível, de que somos sós nesse mundo. Essa é a verdade. Basicamente, estamos sós. Encontramos algumas pessoas sig-

---

1. As religiões orientais dão ênfase às experiências existenciais. O propósito de seus exercícios é libertar o homem de uma visão de mundo que dissimula a verdade do mundo. Uma das maiores religiões desse tipo é a zen. Seus caminhos levam ao despertar de nossa essência divina, e à sua prova na aceitação e domínio maduros do mundo. O zen é diferente das outras formas de budismo no que diz respeito à sua independência de conceitos e imagens, à inexorabilidade de suas demandas, à objetividade de seus exercícios práticos e à imperturbabilidade com a qual ele mira o âmago de nossa essência, que é incondicional e não afetado pelo sofrimento. O zen nos ensina a estar em contato com esse âmago de nossa essência sob todas as circunstâncias e condições — sereno, cheio de fé, verdadeiro, livre e independente.

nificativas ao longo do caminho, mas nascemos e morremos sós. E, do ponto de vista existencial, é assim. Portanto, esse é um pedaço da vida com o qual é melhor estar em paz. Bem, eu achei a experiência altamente instrutiva, mesmo sendo dolorosa.

DAG: Então você diria que saber que se nasce e morre-se só, bem como ter um encontro com essa solidão, faz parte de uma catarse plena, de ser capaz de assumir essa condição espontaneamente?

ZERKA: Sim. E isso me preparou para escrever um poema quando ouvi o disco *As palavras do Pai* pela primeira vez após a morte de Moreno. Deixe-me ler o poema para você.

O que eu deveria dizer
sobre a morte
quando a tecnologia do homem
restaura a sua voz?
Eu a ouço, descrente,
em choque profundo
e me dou conta de sua presença
imersa em grande dor.
Eu choro
e choro sem parar.
Minha perda é aguda, presente,
no estar, agora,
só.
Sua voz é real,
no entanto, ela se foi.
A imortalidade do seu espírito
traz uma dolorosa novidade.
Não posso suportá-la.
As lágrimas não bastam,
desejo ficar e ao mesmo tempo
fugir.
O toque do telefone
interrompe meu transe.
Atendo-o e choro,
não mais mantenho
o segredo.

Na escuridão
compartilhamos nosso sofrimento
Dee e eu.
Ela sabe e permanece a meu lado,
através do fio
outra invenção humana.

Ao escrever
choro novamente em agonia
e soluço e lamento
como jamais havia feito,
com intensidade animal
que me agarra e captura.

Esta é a minha voz?
Ela tem um som estrangeiro
embora universal.
Dou-me conta: Essa é
a manhã do meu
luto,
de viver a minha perda
e do mundo,
o "Adeus" ainda não dito,
não proferido.
Ao longo dos anos
minha aliança com você permanece,
inquebrável.
Necessito do conforto de minhas lágrimas.

Você, que me concedeu
minha vida renovada,
vezes sem fim,
Ó Deus, quantas vezes?
E também rasgou minhas entranhas
dolorosamente.

Na noite passada
meus alunos compartilharam amorosamente.
Eles não tiveram medo,
e ficaram por perto,

e sentiram a sua presença,
muito próxima.
Ann me conteve
em seu abraço confortador
e chorou comigo,
assim como os demais.
Alguns enxugaram minha face.
Meinolf providenciou um lenço,
novo em folha, um tecido virgem,
para que eu assoasse o nariz,
enxugasse as lágrimas.
E Jannika em sigilo revelou
que viu na noite passada
uma neblina às margens do lago Hessian.
Fomos até lá juntos,
o grupo e eu.

Essa neblina continha uma sombra
que pairava
ao meu lado.
Ela achou que poderia
ser você.
Eu não vi nem senti você lá.
Eu precisava disso, da sua voz,
para senti-lo próximo,
uma vez mais revivendo
nossa primeira jornada em 1941.
Sua voz, dinâmica, jovem
e sonante, lá
no vagão Pullman,
apresentando então essas mesmas Palavras,
um presente, só para mim.
O rugir da estrada de ferro
mesclando-se
aos meus ouvidos encantados,
os originais do seu livro
espalhados pelas poltronas,
suas mãos gigantescas,
seus olhos, sua presença,
lendo, só para mim,

em voz alta,
com a voz de Stentor.
Como transmitir
o cantar em minha alma
quando ela se uniu à sua?

Simplesmente não há como.

Antes de você morrer
prometi
que você jamais me perderia.
"Eu o encontrarei novamente",
assim eu disse.
Você ouviu, assentiu, fez sinal
de que o aprovou.
Mas não há
limite para tudo isso
no tempo.
Agora eu devo viver
enquanto você está tão longe.
Minha vida ainda segue seu curso
totalmente impregnada pelo amor.

Quem sabe que oceanos
necessito atravessar,
que vidas tocar,
que companhias encontrar e
acolher ainda,
antes que novamente
eu lá esteja com você?

O cosmos é nosso lar
e ninguém deve estar
lá
sozinho.

(Z. Moreno, 1993)

ZERKA: Eu acredito que não estamos sozinhos no cosmos. Somos parte de algum grande "sei-lá-o-quê" cósmico, uma rede, uma teia, mas não estamos sozinhos. Estamos sozinhos aqui, sim, e isso pode ser solitário. Mas o mesmo não é verdade no que diz respeito ao cosmos em geral. Você se lembra do que Goethe disse: "*Einsam bin ich, nicht alleine*" ["Estou solitário, e não sozinho"]? Podemos nos sentir solitários e não estarmos sozinhos. Assim, na minha experiência em Riverside Drive eu estava solitária, e também sozinha. E qualquer pessoa com certo grau de sensibilidade já se sentiu dessa forma.

DAG: Moreno usava muito a realidade suplementar no palco?

ZERKA: Quando um paciente chegava para ele e dizia que era Jesus Cristo, ele dizia: "Claro. Jesus, que ótimo. Sempre quis conhecê-lo. Mostre-me como é a sua vida. Eu realmente quero conhecê-lo. Conduza-me até a sua vida, o seu mundo".

DAG: Quando você via Moreno fazendo isso, o que pensava?

ZERKA: "Como ele ousa fazer isso? Isso é apavorante! Mas ele parece tão seguro de si; ele deve saber o que está fazendo. Eu nunca serei capaz de fazer psicodrama. Eu *nunca* serei uma diretora; eu *nunca* saberei o suficiente, *nunca* serei suficientemente sábia, *nunca* serei suficientemente boa. Eu simplesmente aprenderei a ser o melhor dos egos-auxiliares. No entanto, cá estou eu, uma diretora de psicodrama. Então, uma pessoa realmente se desenvolve. É importante perceber que Moreno lidava com alguns pacientes psicóticos e neuróticos altamente perturbados. Mas, sendo eu jovem e vulnerável, e, acredito, razoavelmente ignorante quanto a questões psiquiátricas, ainda com pouca escolaridade, não era assim que me haviam ensinado que a vida seria. No entanto, tenho uma irmã mais velha que é psicótica. Com ela aprendi bastante sobre surtos psicóticos.

Lembro-me de um psicólogo que disse a J. L.: "Moreno, espero ser capaz um dia de fazer o que você faz, que é penetrar com mão delicada no psiquismo e expô-lo amorosamente, com cuidado, técnica e coragem. Espero ser capaz de fazê-lo".

DAG: Zerka, você faria o favor de descrever um pouco como você e J. L. Moreno usavam a realidade suplementar? Você poderia se aprofundar um pouco mais nisso?

ZERKA: Eu gostaria de me referir primeiro a dois níveis de realidade: a subjetiva e a objetiva. Geralmente, na realidade objetiva, você e eu podemos concordar com o que está acontecendo aqui: estamos neste aposento, há duas camas, uma mesa, uma máquina de escrever etc.

Quando o psicótico entra na cena, nada disso importa. Não há realidade nesse espaço. O interno é tudo o que importa. E às vezes é até mesmo o vice-versa, de modo que o interno se torna o externo. Então, onde estamos nós? Estamos falando sobre a realidade de quem? Obviamente, ela é mais profunda, mais larga e ampla do que qualquer coisa que possamos ver ou ouvir ou tocar. Vai muito além disso tudo. É tão real para esse psicótico, ou mesmo mais real do que eu e você; somos apenas artefatos nesse mundo; não somos reais.

Essa cisão entre a realidade objetiva e subjetiva tem suas origens na infância. Moreno conseguia ver a criança numa pessoa muito claramente. Ele foi pediatra antes de se tornar psiquiatra. Embora esteja em interação com os outros desde o nascimento, e aprenda muita coisa sobre seu mundo dessa maneira, nos primeiros meses de vida a criança só tem consciência de si mesma. Ela se vivencia como o centro do Universo. Ela ainda se encontra na matriz de identidade global. Ela é o centro do Universo; ela é o Universo (J. L. Moreno, 1977).

Em determinado momento, quando as estruturas neurofisiológicas começam a se desenvolver, e quando há traumas emocionais ou físicos, a criança começa a perceber que ela não está só, nem em pleno controle de seu meio. Ela se joga de encontro à grade do berço, e isso dói. Ela tem uma cólica ou uma febre, e a mãe não sabe o que fazer com relação a isso.

Todo ser humano vivencia essa cisão; ela é universal. Na medida em que a realidade objetiva não é abastecedora e nutriente, a criança se retrai e volta-se para aquela realidade subjetiva na qual consegue ter novamente controle absoluto. Se isso se repetir muitas vezes, e não houver ponto entre esses dois níveis de realidade, podem surgir os brotos da experiência psicótica, a experiência com drogas, a experiência criminal, a experiência de adição, porque queremos acreditar que temos total controle das coisas.

Então, para Moreno, o psicodrama é a ponte entre esses dois níveis de realidade. Se isso significa entrar na subjetividade total daquela pessoa, é o que fazemos, e tratar de psicóticos tem tudo que ver com isso. Ter tido a oportunidade de passar por essas experiências pode possibilitar ao psicótico abrir mão delas, e entrar novamente no mundo da realidade objetiva (Moreno e Moreno, 1975b).

Sem esse tratamento, muitos criminosos projetam a imagem de estar totalmente no controle do mundo exterior. Assim, eles não podem admitir que não têm o controle das coisas. De alguma forma, eles sabem que não o têm, todavia, agem como se o tivessem, enquanto temem que possam ser presos. Muitos deles acabam sendo presos, mas alguns não. Quanto aos psicóticos, supomos que os que se recuperam por si sós façam uso de certas técnicas internas próximas às psicodramáticas para sair do mundo psicótico.

Houve um exemplo no Colorado, há alguns anos, em que levaram delinqüentes juvenis graves até a sala da cadeira elétrica, dando-lhes um "choque psicodramático" nu e cru. E em cada grupo que levaram lá o guarda correcional dizia aos jovens: "Se vocês continuarem nessa vida, é aqui que vocês vão acabar". E em todas as vezes, em cada um dos grupos levados, havia pelo menos um adolescente que dizia: "É isso aí, é aqui que eu vou acabar". Parece que eles *sabem* melhor do que ninguém, mas não conseguem *fazer* melhor.

CAPÍTULO 7

# O Psicodrama e a Técnica do Espelho Deliberadamente Distorcido

*A técnica do espelho é aquela em que o protagonista é retirado do palco e substituído por um membro do grupo que assume seu papel na cena selecionada. O protagonista assiste à ação. O propósito do uso dessa técnica é possibilitar que o protagonista não esteja pessoalmente envolvido na ação, que ele possa ver a situação como um todo a partir de uma perspectiva distanciada, e não a partir do ponto de vista do envolvido.*

*O método de separar o ator do papel para criar uma distância entre o papel, a máscara e o ator é antigo e muito usado no teatro chinês, e lá, na verdade, é chamado de "a técnica da distância". Na Europa, este método foi desenvolvido em particular por Bertold Brecht, com a assim chamada técnica do estranhamento. A audiência não deveria se sentir envolvida nos diferentes sentimentos pessoais das personagens como no caso da tradição de Stanislavski. Pelo contrário, o estranhamento criado deveria ativar a audiência a ver uma perspectiva objetiva e histórica na situação. Esse uso da técnica do estranhamento vai contra a tradição teatral herdada de Aristóteles, que achava que o efeito catártico ou a purificação das emoções reside no envolvimento pessoal com as diferentes personagens da peça, o que quer dizer que a catarse viria com um processo de identificação.*

DAG: Conte-nos algo sobre a técnica do espelho e de que forma você e J. L. Moreno a usavam.

ZERKA: O interessante sobre o espelho, especialmente quando somos crianças tentando pentear o cabelo ou nos vestirmos, é aquele ser estúpido nele refletido que não sabe fazer as coisas da forma certa. A imagem no espelho é uma imagem negativa, e não positiva. Então, temos de ser cuidadosos ao usar a técnica.

Moreno a usava muitas vezes para chocar o protagonista no que dizia respeito a uma nova realização, para instigar pessoa: "É assim mesmo que você se parece, é assim que o seu mundo aparenta ser?". Freqüentemente exageramos a imagem no espelho, usando técnicas de distorção deliberada. Moreno instruía o ego-auxiliar para exagerar o comportamento do protagonista num nível mais além da realidade. Nesse sentido, tratava-se de uma técnica de realidade suplementar. Ele a chamava de "técnica do espelho deliberadamente distorcido". Seu propósito era colocar um desafio ao protagonista. No entanto, a importância da técnica estava no fato de que dávamos ao protagonista a oportunidade de corrigir o espelho, tanto por razões de salvar as aparências quanto de autocura. "Como você gostaria que esse reflexo de você mesmo fosse, como ele deveria ser, como seria bom para você?"

Moreno e eu fizemos algumas observações interessantes quando a técnica foi usada com psicopatas. Eles retornam sempre ao mesmo padrão, não conseguem mudar o espelho, cuja imagem fica congelada. Para nós, a imagem criada no palco é uma imagem negativa; para eles, ela é *a* imagem, e são incapazes de mudá-la ou de reconhecê-la como a sua própria. Ou então negam qualquer relação com essa imagem.

DAG: O que você quer dizer por padrão psicopata?

ZERKA: Há uma curiosa frieza no que diz respeito aos psicopatas em sua relação consigo próprios e com os outros. Eles sabem descobrir os pontos vulneráveis do outro, fazem uso deles, brincam e extraem o que desejam dele. Eles têm muito pouco senso de obrigação com relação a isso. Mas não creio que lhes falte totalmente um senso de superego porque, quando são colocados numa inversão de papéis relevante, olhando para si próprios, são capazes de ver suas falhas e podem ser severamente críticos. Pelo menos, esta tem sido a minha experiência com alguns que eu dirigi.

Eu gostaria de falar brevemente sobre a tele. Gosto de pensar na tele como "o gostar e o amar existentes em alguém". Muito freqüentemente amamos alguém, mas não gostamos dele/dela, ou vice-versa. Para termos uma tele plena, as duas coisas precisam fluir juntas. O gostar é uma apreciação do outro; o amar é ver a ele ou ela com faltas e falhas e ainda assim amar e ver a beleza nessa pessoa. Isso, penso eu, é talvez algo que o psicopata não vivencia: a parte da beleza. Ele pode ter acesso a você, mas é primordialmente de forma fria e sem qualquer sentimento mais profundo.

No entanto, uma vez eu realizei uma sessão num hospital para doentes mentais no Meio-Oeste com um rapaz de 18 anos que, com sua própria concordância, havia sido adotado por uma família que era boa para ele, e bem-educada. Ele tinha tudo o que desejava. Foi enviado a uma escola católica e expulso por haver infringido todas as regras possíveis e imagináveis. No hospital, disseram a ele que, caso não mudasse, acabaria na prisão. Decidi então que, no psicodrama, eu o transformaria em Deus e assumiria o papel dele, porque não havia egos-auxiliares disponíveis. Ele era considerado um delinqüente grave pela equipe, um jovem muito problemático e perturbado. Coloquei-o no palco e ajoelhei na sua frente, dizendo: "Deus, eu preciso da sua ajuda". Ele se alçou ao alto de seus dois metros de altura e olhou para mim lá embaixo, respondendo: "Eu não tenho nada para lhe dar. Eu dei a você sete chances, e você as desperdiçou todas". Em seu papel, eu retruquei: "Mas Deus, o Senhor é um Deus de Amor". "Não para você!" Então continuei: "Mas como posso prosseguir na vida sem o seu amor?". Sua prescrição para mim no seu papel foi: "Você tem de descobri-lo dentro de si próprio". E esse foi o fim da sessão.

Então, não se pode dizer que ele não tinha consciência do que estava fazendo. "Não me venha pedir afeto ou amor. Procure-os dentro de você mesmo." Esse foi um momento de virada na avaliação do *self* desse jovem. Ele se deu conta de onde havia falhado consigo próprio. Para mim, foi uma revelação. Esse rapaz sabia muito bem o que estava fazendo, ele só não sabia o que ou quem amar, não sabia como fazer surgir o amor na relação consigo próprio.

Essas pessoas precisam de ajuda para mudar a auto-imagem. Elas precisam de ajuda para aprender a confiar em alguém.

Muitas delas foram espancadas a ponto de não confiar em mais ninguém, e, portanto, obtêm a confirmação da sua percepção de que o mundo é essencialmente um mau lugar.

Uma afirmação que Moreno costumava fazer era: "Quando a criança vem ao mundo e avalia o mundo que a cerca, ela se questiona: 'Será que o Universo é amistoso?'". Infelizmente, temos de dizer para uma grande parcela: Não! Há uma dose de amizade bastante limitada neste mundo para muitas crianças, é triste dizê-lo, mas nem todas se tornam delinqüentes graves. Essas não chegam a essa situação por conta própria. Inúmeras foram seriamente maltratadas. Portanto, eu não posso dizer com certeza que os psicopatas não têm discernimento ou superego. Muitos de nós somos incapazes de nos aproximar desse tipo de pessoa. Seria honesto admiti-lo. Mas classificar alguém como intratável é, em minha opinião, um crime. Seria melhor dizer: "Eu não tenho condições de tratar dessa pessoa, mas quem sabe outro profissional talvez possa fazê-lo". Os terapeutas têm de tentar ajudar essas criaturas, mostrar a elas que ainda há esperança e beleza no mundo. Temos de aprofundar a tele e expandir a alma. Sei que é externamente difícil, pois há muita violência e insensibilidade em nosso mundo. Além disso, eles são bem complicados e, muitas vezes, ameaçadores no trabalho com eles. Pode ser que justamente o temor que sentimos em relação a eles nos tornem impotentes para lidar com eles. E, é claro, há pacientes que já mataram terapeutas.

DAG: Você diria que o que Moreno fez foi encorajar o exagero na apresentação de um protagonista até o ponto da distorção, algo que chamaríamos hoje de "maximização"?

ZERKA: Se isso fosse necessário, dependendo do problema em questão. Na técnica do espelho, quando um membro do grupo assume o papel do protagonista, este é, por um lado, aquele que está no palco, e, por outro, o observador retirado do palco olhando para a cena; o protagonista é agora igualmente um membro do grupo. Então, estamos criando uma cisão. Uma vez que a imagem é criada por outro membro do grupo atuando no papel do protagonista, essa imagem negativa não é mais necessariamente vivenciada pelo protagonista como sua.

O protagonista de certa forma assiste à cena com o olhar de membro do grupo. Como observador, ele é retirado do processo de espelhamento e pode, portanto, olhar a cena como algo não diretamente relacionado consigo. A cena pode tornar-se muito positiva mediante uma mudança. Em algum nível, ela difere do espelho; ela vai mais além do espelho e torna-se, portanto, uma realidade suplementar.

DAG: O espelho visto a partir do ponto de vista fisiológico inverte as coisas ou as coloca de cabeça para baixo, ela perverte a imagem. "Perverso" é uma palavra latina, que significa "voltar; virar ao contrário; destruir". No entanto, no século XV era usada no contexto de voltar-se contra a vontade de Deus.

Se a técnica do espelho no psicodrama pudesse ser considerada a partir do ponto de vista mitológico, o diretor do psicodrama teria de inverter a cena, ou virá-la de cabeça para baixo. Ele precisaria distorcê-la deliberadamente, em vez de se utilizar da técnica do espelho da forma usual, que retira o protagonista da cena. Isso leva o protagonista a uma situação em que se vê refletido na perspectiva perversa. A imagem de espelho psicodramática conduz o protagonista a uma dimensão surrealista à qual ele reagirá. Poder-se-ia dizer que ele está agora atuando a partir de uma perspectiva da sombra, e, portanto, olha para si dessa perspectiva. Em geral, o protagonista reagirá com grande resistência a essa distorção deliberada.

No entanto, a perspectiva do perverso precisa ignorar a reação normal. Geralmente, os comentários do protagonista são: "Mas eu disse que minha mãe e meu pai viviam brigando. Então por que eu estou aqui desempenhando o papel de pais amorosos e cuidadosos? Isso é perverso". Ou outro exemplo: "Eu disse a você que meu marido sempre começa a briga comigo, e não o contrário. Até hoje eu nunca levantei a voz para ninguém. É terapêutico que eu ande por aí representando uma megera que grita?". Esses comentários mostram o *momento de surpresa* da técnica.

ZERKA: Você tem de ser criativo na direção do psicodrama. Moreno nos ensinou a sentirmo-nos confortáveis com as nossas birutices. Creio que uma das razões pelas quais as pessoas têm medo de dirigir psicodramas é porque temem suas próprias fantasias. Eles ainda não aprenderam a ser protagonistas o suficiente para lidar e brincar com suas próprias birutices. Isso os deixa temerosos; eles ainda não se familiarizaram com a sua própria loucura e, portanto, ainda não aprenderam a confiar nela. Moreno dizia que a loucura é, muitas vezes, a fonte de uma grande criatividade.

DAG: Você se vê como uma médium que é guiada por algo ou alguém. No entanto, os diretores muitas vezes não confiam nesse tipo de liderança. A espontaneidade então se transforma em ansiedade, e aí os diretores acabam encalhando no processo de direção.

ZERKA: Os diretores parecem hesitar em acreditar na sua liderança, seja quando ela ocorre por pressentimento ou por intuição. Creio que muitos deles são apenas excessivamente cerebrais. Eles usam o cérebro demais. O que parece me ajudar na direção é a minha ingenuidade — não saber demais.

O psicodrama é essencialmente uma combinação de ciência e arte. Se a arte não estiver presente, você poderá chegar a uma ciência igualmente pobre. Fiquei encantada recentemente com um artigo num número da *Technology Review* do MIT, escrito por Samuel C. Florman, no qual ele afirma: "Mesmo hoje, os engenheiros concordam em que a intuição, a experiência prática e a sensibilidade artística são pelo menos tão importantes no trabalho deles quanto a aplicação da teoria científica" (Florman, 1997: 59). Ou, num número de *Parabola* que discorria sobre a geometria do labirinto: "Há uma via definida e um método que precisam ser seguidos até o fim, mas, às vezes, para entendê-lo plena ou completamente, é preciso investigar a validade de uma via complementar ou da mesma via apresentada de forma diferente" (Conty, 1992: 14). Essas posições refletem a nossa. Einstein jamais realizou quaisquer experimentos, estava tudo em sua mente, em sua imaginação, em sua busca. Ele não precisava dos experimentos. Também se atribui a ele haver dito: "A imaginação é mais importante que o conhecimento". Isso não quer dizer que ele jamais tenha cometido erros; todos nós cometemos erros. Tento dar ao protagonista o espaço para me corrigir se eu estiver fora dos parâmetros.

O psicodrama cerebral é seco e empoeirado; ele não agrada. Por outro lado, o que parece ser um psicodrama totalmente espontâneo pode ser caótico e não levar a lugar algum, ele pode ser Dada.[1] Tampouco é espontâneo de fato; ele está apenas ultrapassando os limites. Mesmo a realidade suplementar tem seus limites. Ela não transborda simplesmente; ela tem suas formas, seu tempo e seu ritmo.

Moreno provavelmente seria considerado um surrealista, em muitos aspectos. Não podemos fixar os gênios criativos numa moldura. Eles são a sua própria moldura, e seu próprio farol.[2]

Albert Einstein também tinha algumas crenças religiosas profundamente arraigadas, que expressou em alemão com as seguintes palavras:

> *Das kosmische Erlebnis der Religion ist das stärkste und edelste Motiv naturwissenschaftlicher Forschung.*
> *Das tiefste und erhabenste Gefühl, dessen wir fähig sind, ist das Erlebnis der Mystik. Aus ihm allein keimt wahre Wissenschaft.*[3]
>
> (Einstein, 1984: 194)

DAG: Zerka, você é surrealista?

ZERKA: Você é que tem de me dizer. Você tem melhor capacidade de julgar do que eu, porque assistiu à minha direção. Eu não posso julgar minha própria direção tão bem assim.

---

1. Os dadaístas capitalizaram sobre o elemento do acaso, e os trabalhos que criaram colocam desafios à mente e à visão. Eles enfatizaram a importância do ato criativo acima do trabalho final, e seu objetivo profissional era a negação ou, ao menos, o redirecionamento de toda a arte — visual e literária. Seu trabalho refletiu um novo papel: permitir o irracional. No entanto, o aspecto negativo foi o total nihilismo da postura Dada (Rubin, 1990).

2. *Beacon* no original: sinal, sinalização de fogo sobre um mastro ou uma elevação do terreno, farol, guia ou advertência. Beacon, em Nova York, foi também o nome do lugar onde Moreno viveu e trabalhou.

3. "A experiência cósmica da religião é a razão mais forte e nobre para a pesquisa nas ciências naturais. O sentimento mais profundo e pungente do qual somos capazes é a experiência do místico. Só desta nasce a verdadeira ciência." (Tradução realizada pelos autores.)

DAG: Eu acho que você é uma surrealista. Foi você que me inspirou e influenciou nos meus estudos sobre surrealismo e realidade suplementar.

Por falar em ser seu próprio farol, lembro-me de uma história que gostaria de compartilhar. Quando eu era estudante no Instituto Moreno em Beacon, você dirigiu um psicodrama com um protagonista do sexo masculino. Essa experiência influenciou todo o meu estilo como diretor de psicodrama, tanto no sentido prático quanto no filosófico. O protagonista estava preocupado com seu divórcio e com quem ficaria com a guarda das crianças. Foi um psicodrama tocante. No entanto, o homem esquecia constantemente os nomes, as idades e os sexos dos seus três filhos. Todos começaram a se sentir desconfortáveis e questionaram a verdade e a realidade da produção, mas o drama e a encenação continuaram.

Em determinado ponto, ele interrompeu o drama e confessou que não tinha nem mulher nem filhos, e sim uma vida muito solitária. Enquanto o grupo se mostrou chocado com a confissão dele, você não pareceu chocada. Você não considerou que a encenação dele era uma mentira, mas uma verdade psicodramática. Essa verdade independe dos limites da realidade — trata-se de um tipo de verdade existencial. Na realidade suplementar, uma mentira se torna verdade, o Criador pode nascer.

ZERKA: Aqueles eram os filhos dele. Para ele, eram reais. Temos de respeitar isso. Eram suas criações. Essas criações provavelmente faziam com que sua vida cotidiana fosse suportável.

DAG: Como você construiu tal senso de respeito?

ZERKA: Acho que, à medida que fui envelhecendo, tornei-me mais humilde. Recentemente, alguém me perguntou qual havia sido a minha maior mudança como diretora. Tornei-me cada vez menos diretiva e mais zen, sem julgamentos, tudo vale; em certo nível, tudo é aceitável.

Eu respeitei a criatividade e a honestidade dele em relação ao assunto. Esse psicodrama aconteceu há mais de 20 anos, de forma que eu já devia ter essa atitude até naquela época. Talvez esteja relacionado com o meu treinamento com pacientes psicóticos.

Isso me faz lembrar de uma história oriental que se encaixa nesse tipo de situação. Havia um guru que tinha 25 discípulos. Entre eles, havia um que mentia, roubava e enganava os demais. Estes foram ao guru e disseram: "Como você pode permitir que este homem conviva entre nós? Ele mente, rouba e nos engana. Não entendemos como você pode permiti-lo". O guru retrucou: "Mas vocês não vêem, vocês já chegaram lá, e sabem que isso está errado; ele ainda não chegou lá. Será que eu deveria deixá-lo de fora só porque ele ainda não chegou lá?".

Com relação ao homem que não tinha mulher nem filhos, posso ter pensado: "Ele ainda não chegou lá, mas, em sua mente, ele está lá". Não seria razoável aceitá-lo? Eles são mais reais para ele, em certo sentido, do que qualquer coisa — essas crianças, suas criações. Se não deixarmos que ele os tenha, como se libertará deles? Essas idéias vão continuar a controlá-lo indefinidamente.

DAG: Creio que você e J. L. Moreno revolucionaram o mundo com o psicodrama. No tratamento da psicose, vocês não confrontavam a realidade psicótica do paciente com a realidade do em torno. Ao contrário, vocês permitiam que o paciente atuasse no palco e fizesse inversões de papéis com as pessoas e personagens de seu mundo. O objetivo era construir relações com o mundo dele e, portanto, construir a tele. Em seu relato "O Psicodrama de Adolf Hitler" (Moreno e Moreno, 1975a), um psicodrama que aconteceu no início da Segunda Guerra Mundial, Moreno descreve um paciente que estava convencido de que ele era o verdadeiro Adolf Hitler, enquanto o Hitler na Alemanha era um impostor. Moreno tratou esse homem com psicodrama e deixou que ele atuasse a sua realidade. Depois que o homem melhorou, Moreno perguntou a ele o que havia causado tais idéias. O homem disse que, desde criança, tinha o sonho de conquistar o mundo e destruí-lo, que Hitler foi seu modelo quando estava no palco atuando seu sonho. Quando Moreno perguntou a ele o que o havia ajudado a superar sua compulsão, o homem respondeu que ficara surpreso em perceber que, além dele, havia tantas outras pessoas no grupo que se deram conta de que possuíam um Adolf Hitler dentro de si, e isso o havia ajudado.

O uso da realidade suplementar não é apenas um instrumento clínico no tratamento. Trata-se de toda uma atitude filosófica diante da vida.

ZERKA: O verdadeiro Adolf Hitler na Alemanha teve sorte de certa forma, porque tinha egos-auxiliares que acreditavam em sua causa e davam apoio a ele. Sem estes, ele teria sido incapaz de realizar seus planos. Foram seus egos-auxiliares quem o mantiveram no poder por tanto tempo. Sem egos-auxiliares não se pode interagir. Não estamos sozinhos como atores nessa terra. O palco no psicodrama fornece aos protagonistas os egos-auxiliares necessários para que eles possam começar a se relacionar e agir. Com esse método nós os estamos aquecendo para enfrentar o mundo lá fora. Eles se tornam capazes de sair de sua introversão e mundo de fantasia. Por que eu aceitei aquele homem com seus filhos fantasiosos? Lembrem-se de que eu disse que a catarse mais profunda no psicodrama vem da atuação nessas cenas, dessas realidades, desses relacionamentos que podem jamais vir a acontecer, mas dos quais temos necessidade que aconteçam. Ele precisava daquela experiência para poder tirar aquilo da cabeça.

CAPÍTULO 8

# O Psicodrama como Teatro da Cura

Terapeutas, *na Grécia antiga, eram discípulos do culto de Esculápio, o deus da cura. Seu pai, Apolo, o deus do conhecimento e da consciência, era também um dos deuses que enviava pragas e doenças à Terra. A doença era uma expressão do deus ferido. Na mitologia grega, muitos deuses foram feridos e sofriam de alguma doença incurável. Dioniso, por exemplo, sofria de mania, e Hércules, de epilepsia. Esses ferimentos e doenças incuráveis foram inflingidos aos homens. O deus era a doença, mas era também o remédio e, portanto, o médico divino. O que o terapeuta fazia era criar a divina* afflictio *que "contém seu próprio diagnóstico, terapia, e prognóstico, desde que se assuma uma atitude correta com relação a ela" (Meier, 1989: 3).*

*Na psicoterapia, é de grande importância que alcançemos a atitude correta com relação às doenças. Os sintomas da neurose ou da depressão, por exemplo, podem ser considerados não apenas condições que se deseje eliminar, mas um encontro com uma perspectiva específica. Esses sintomas constituem os acessos para certas tarefas com as quais o paciente tem de aprender a lidar. A palavra "paciente" significa sofrimento ou resignação, mas também significa permanecer calmo e esperar, ser "paciente". A dor, qualquer que seja ela, não tem lugar em nossa cultura. É apenas algo a ser eliminado, e não temos paciência nenhuma para suportá-la por um minuto a mais do que necessitamos. Mas o sofrimento é um meio pelo qual podemos desenvolver profundidade. A paciência também significa permanecer aberto e não interferir com o processo.*

*Por vezes, não se recomenda que a atitude correta dos terapeutas seja dar suporte à paciência e a uma atitude correta quanto ao sofrimento do paciente? O sofrimento sempre teve nas religiões um lugar de purificação da alma, ou de fazer a pessoa encontrar um significado mais profundo no seu estado. Nessa perspectiva, a depressão não é vista como algo sem sentido, mas sim como um ponto de partida para a criação de significado.*

SAG: Zerka, você concorda em que o sofrimento possa fazer com que uma pessoa se torne mais profunda?

ZERKA: Com o sofrimento e a dor emocionais, algumas pessoas afundam porque não conseguem agüentá-los, e outros nadam e se saem bem, ficando mais profundas e desenvolvidas sob vários aspectos. Espera-se que os terapeutas aliviem a dor, e não que a aumentem. Além disso, descobriu-se que as pessoas expostas a um longo período de dor física severa, como os pacientes com câncer, corriam riscos, pois seu sistema imunológico, com o tempo, parava de funcionar corretamente. Então, temos de fazer algumas distinções. Trata-se de um assunto muito delicado. Eu não tenho respostas completas. O que fazer com a dor? Na psicoterapia e no psicodrama, podemos efetivamente entrar na dor, e isso é feito tanto na cura psíquica quanto na cura por meio da meditação. Seria algo bastante similar a uma inversão de papéis com a doença. Não se pede às pessoas que eliminem a dor, mas que penetrem nela, e, desse modo, ela muitas vezes desaparece. Há diferentes formas de lidar com a dor que são mais produtivas do que sedá-la com drogas ou deixá-la como está. Eu não vejo nenhum propósito no sofrimento das pessoas apenas em nome do sofrimento, se algo puder ser feito no sentido de ajudá-las a sofrer menos. Ouvimos freqüentemente que os médicos não sabem conduzir uma boa administração da dor e, em conseqüência, os pacientes ficam debilitados, especialmente os mais idosos.

Se você me permite uma referência à severa dor que eu mesma sofri no passado em virtude de um sarcoma no ombro, eu vivenciei a dor como algo muito isolador. Ficamos totalmente absorvidos, encarcerados e separados do resto do mundo. É quase impossível, nessa situação, ultrapassar esse nível de dor e expandir-se.

*O poder original da cura era o encontro com Esculápio, que ocorria em Epidauro, seu santuário. Os pacientes que para lá se diri-*

*giam eram introduzidos e iniciados no culto do mistério da cura. O deus era o médico, cujo papel no mistério consistia em assumir a doença do paciente, assim como a qualidade da cura. Ele aparecia no sonho do paciente que estava deitado na* klina, *a cama. E assim, o processo de cura ocorria.*

*Hipócrates, que introduziu a medicina científica, considerava-se um estudante de Esculápio. No entanto, ele instruía o cliente no sentido de como conviver com a sua doença, em vez de deixar o deus se encarregar do processo total de cura. A doença era, portanto, separada do médico. Assim, o médico, um ser humano, conferia a si mesmo uma qualidade divina, mas atribuía-se apenas metade da qualidade do deus, o aspecto da cura, e rejeitava o lado sombrio da cura, ou seja, a doença. Esse veio a ser o modelo para todos os médicos. Quando o psicoterapeuta não assume o ferimento, cindindo assim o papel original do curador/deus, ele se atribui um reconhecimento por algo que na verdade pertence ao deus Esculápio: o mistério da cura. Essa forma de autodeificação pode ser exagerada. Muitos pacientes tornam-se vítimas desse poder quando os seres humanos médicos são possuídos por esse complexo de deus.*

> *In der Wendung zum Besseren, bei einer schweren Krankheit des dem Tode ausgelieferten Lebewesen... bleibt immer etwas UnfaBbares, selbst wenn der Arzt die Ursache der Krankheit erkannt und entfernt hat. Denn es muB neben dem Einwirken des Arztes immer noch etwas mithelfen, das gleichzeitig mit dem Eingreifen von auBen im Innern des Kranken vor sich geht, damit sich die Heilung einstellt. Im entscheidenden Moment der Heilwendung wirkt etwas, das am ehesten dem ErgieBen einer Quelle zu vergleichen wäre.*[1]
>
> (Kerényi, 1948: 32)

1. "Sempre que uma criatura viva está gravemente enferma, cada mudança para melhor envolve um elemento de mistério, mesmo quando o médico consegue reconhecer e eliminar a causa da doença. Pois o médico não pode agir sozinho; lado a lado com a sua intervenção exterior, algo dentro do paciente precisa ajudar, no caso de se alcançar a cura. No momento crucial, algo entra em ação, e a melhor comparação que teríamos para isso seria o fluir de uma fonte." (Tradução dos autores.)

*Para os psicodramatistas, poderia ser por vezes benéfico adotar o velho conceito de cura para criar a atitude correta com relação ao psicodrama relembrando o mistério.*

*O psicodrama não é a mera representação da vida, e tampouco um psicodrama por si só pode mudar a vida de uma pessoa. No entanto, o psicodrama em si é uma experiência da vida real e, como tal, aprofunda a pessoa. Ele a coloca em contato com dimensões que pertencem mais à religião do que a situações concretas de vida. Como tal, ele pode dar mais luz e significado à situação de vida do participante. Portanto, a paciência é uma chave maior para a mudança do que a maioria dos psicodramatistas consegue alcançar.*

DAG: Eu gostaria de voltar às raízes e à idéia de psicodrama como um teatro de cura. A idéia de teatro e de cura remonta à Grécia antiga, e ao deus Esculápio, filho de Apolo.

ZERKA: Moreno não considerava o teatro clássico um teatro da cura. Ele o considerava uma experiência estética, e concordo com ele. A idéia de catarse de Aristóteles, que foi uma das forças motivacionais do pensamento de Moreno, deveria ser considerada como fez Moreno: do ponto de vista do espectador. Aristóteles esperava que o espectador que assistisse a uma tragédia chegasse a uma purgação de duas emoções em especial. Esse par de emoções poderia ser piedade e medo, piedade e terror, ou piedade e temor reverencial. Talvez o temor reverencial seja a maior das emoções, na medida em que possa incluir as outras.

Moreno enfocou inicialmente o espectador. Qual é a experiência vivida pelos espectadores? Eles realmente estão se purificando, ou estão conscientes de que esses atores não são as personagens reais? Os atores não choram lágrimas verdadeiras, eles não vivenciam uma alegria real. Eles são representações da experiência tais como escritas por um dramaturgo. Não se trata da sua própria experiência humana.

Então Moreno voltou seus olhos para os próprios atores e produziu um teatro da cura abolindo todo o *script* e voltando-se para os atores como pessoas reais, para sua dor, seu riso, suas lágrimas, sua alegria e angústias. Na medida em que as pessoas que assistem sabem que o ator é uma pessoa real, elas próprias sentem-se profundamente tocadas. Ao compartilhar de uma humanidade comum, elas podem até mesmo chorar. Bem, isso não quer dizer que as pessoas não chorem num teatro clássico quando a produção é particularmente triste ou bela, mas sabem que ela não é real. Então, a partir de uma catarse secundária, tal como descrita por Aristóteles, Moreno produziu uma catarse primária de ação no ator, e uma catarse primária no espectador do grupo presente. Eu já não gosto de usar a palavra "audiência". Não se trata de uma audiência, mas de um grupo que tem uma experiência em comum.

DAG: Será que Moreno quer que você tenha um encontro com a Divindade, o Criador, durante o drama?

ZERKA: Presumo que ele tinha isso em mente quando falou sobre crianças que querem brincar de "Deus". Ele considerava que elas queriam ser Deus. O que elas estão fazendo de fato é se tornar poderosas novamente. O que estamos fazendo no psicodrama é devolver o poder ao protagonista e aos membros do grupo, e isso porque tocamos os seus centros de cura autônomo. Há muitas pessoas que não se tornam protagonistas, mas se curam participando dos dramas de outras pessoas, como egos-auxiliares ou membros do grupo. Muitas vezes durante o compartilhamento as pessoas no grupo dirão "Muito obrigado" ao protagonista. "Você fez meu psicodrama por mim. Você me possibilitou uma compreensão que absolutamente não tem preço." Esse aspecto do compartilhamento é uma fase vitalmente curativa do psicodrama.

DAG: Os antigos gregos acreditavam que havia diferentes deuses para diversas situações de vida: deuses para o amor, para a epilepsia, para a raiva, para a guerra, mas também deuses para as doenças. Eram os deuses que provocavam a doença, mas eles eram também a cura. Assim, o aspecto da cura nunca era humano. Os gregos chamavam as doenças de "doenças divinas". De certa forma, essa idéia é muito criativa. No entanto, esse pensamento arcaico pode ser muito amedrontador com relação a doenças como a aids. Será que realmente podemos chamar uma doença física ou emocional de algo divino?

ZERKA: Nós realmente não sabemos como a doença atravessa a barreira da mente para o corpo. Temos agora consciência de que o corpo se lembra quando a mente esquece. Mesmo a medicina psicossomática só tem um vago conhecimento sobre a conexão entre corpo e mente. O modelo médico por um lado nos dá uma grande dose de segurança. Você vai a um médico e ele parece saber o que está fazendo. Por outro lado, há inúmeras doenças de que a ciência não dá conta, por exemplo, o meu próprio caso.

Pode haver duas pessoas com a mesma idade, a mesma doença e aparentemente com a mesma dose de vigor. Uma morre e a outra sobrevive. Todos nós já ouvimos aquele pronunciamento meio amargo: "A operação foi bem-sucedida, mas o paciente morreu", que indica que mesmo os médicos por vezes reconhecem a cura como um mistério que ultrapassa o controle humano.

Por que algumas pessoas parecem se recuperar quando vão a Lourdes,[2] por exemplo? Milhões de pessoas vão até lá. O que as cura? Seria a crença delas, sua fé, ou a divindade da Virgem Maria? Eu realmente penso que a cura é um mistério.

DAG: Algumas pessoas que tiveram de enfrentar o câncer ou uma doença igualmente grave referem-se a isso como uma das melhores coisas que aconteceram na vida delas. Você vê alguma relação com a idéia da "doença divina"?

ZERKA: Eu costumava dizer o seguinte sobre o meu sarcoma: "Eu realmente não recomendo uma doença tão séria e com risco de vida para um piquenique de domingo à tarde". Não é esse tipo de prazer. Trata-se de uma jornada muito amarga, mas todas as jornadas amargas têm duas opções: ou você afunda, ou nada. É muito parecido com o aço fino que tem de passar pelo fogo muito quente. Isso só pode ser feito se o fogo estiver muito quente. Então, é como passar pelo fogo bem quente,

---

2. Lourdes é uma cidade no sul da França (Altos Pirineus) onde, numa gruta próxima, conta-se que a Virgem Maria apareceu em 1858. Por causa de suas fontes miraculosas, tornou-se um lugar de peregrinação, ao qual se atribuem curas milagrosas.

como passar pelo inferno e sair com mais clareza, profundidade, sabedoria, com maior compaixão e mais humano, e, talvez, até mais espiritualizado.

As pessoas procuram por uma divindade, esteja ela dentro do *self* ou em algum poder curador fora dele. Para mim, foi tanto uma experiência em branco como em preto, causada pela incerteza sobre se eu estava realmente curada do meu câncer ósseo com a amputação do braço e do ombro.

Uma vez, descrevi essa experiência como a passagem por um túnel muito escuro. No final, havia uma réstia de luz. Se eu apenas pudesse atingir a luz, estaria salva. Quando cheguei à luz, eu soube: "Ei, eu vou mesmo ficar boa. Eu vou viver. Isso não vai me derrubar. Ainda não é a minha hora". Mas, uma vez tendo passado por tudo isso, como posso tornar melhor esta nova vida que me foi dada? De certa forma, é como renascer.

Cada experiência pessoal profunda é como um renascimento, e eleva você a um nível diferente de consciência. Então, desse ponto de vista, posso entender quando as pessoas dizem: "Foi a melhor coisa que já me aconteceu". Mesmo algumas das pessoas que contraem HIV/ARC/aids dizem isso. Algumas delas vivenciaram tanto amor e compaixão de suas comunidades antes de morrer que as suas vidas ganharam uma nova intensidade.

Creio seriamente que, se tivéssemos de viver para sempre, a vida seria miserável e talvez até mesmo assustadora. Nada na vida morre realmente, as coisas se transmutam. Acredito na transformação das almas. Nosso corpo é algo de que apenas nos desfazemos. Ele não é de fato tão importante. Ele nos é emprestado, e temos a responsabilidade de cuidar dele.

Bem mais importante é o que você faz com a sua alma. Como você faz dela um instrumento refinado após passar por um purgatório tal como uma moléstia grave?

Tenho visto muitas pessoas sair desse purgatório sentindo-se elevadas. Mas outras entram em colapso. Creio que morremos quando temos de morrer. Mesmo as pessoas que se suicidam podem ter de morrer naquele momento, daquela forma. Se fosse diferente, elas teriam se salvado. Creio que elas reencarnarão. Geralmente, considera-se entre as pessoas que têm essa concepção sobre a vida e a morte as que morrem de morte mais violenta, como na guerra ou no Holocausto, reencarnarão mais rapidamente que as demais, como se fossem impulsionadas por essa tremenda energia da violência para transformá-la em algo criativo e positivo novamente. Alguns psiquiatras estão descobrindo pessoas mais jovens com memórias do Holocausto, o que sugeriria que elas são vítimas reencarnadas dessa tragédia.

Às vezes, vemos pessoas cujas vidas já se foram. Isso não tem nada que ver com a idade. Você pode vê-lo mesmo em pessoas muito jovens. A chama criativa se foi.

DAG: O terapeuta deveria ser assistente do deus do culto de cura. Ele não é a causa do processo de cura. Em que medida o diretor seria esse assistente?

ZERKA: Eu me considero um canal. Muito freqüentemente as idéias vêm a mim Deus sabe de onde. Eu digo que "vêm de lá de cima". Eu realizo meus melhores trabalhos quando meu ego não está sintonizado. Não é algo destinado a satisfazer o meu ego. Quando sou um canal aberto, certas informações incríveis chegam a mim.

Deixe-me contar a seguinte história: eu costumava realizar aquelas sessões abertas em Beacon, Nova York. Uma vez, eu estava com 35 pessoas de uma escola superior, as quais eu não conhecia previamente. Uma vez que elas não tinham familiaridade com o psicodrama, comecei a fazer uma exposição para aquecê-las. Quando terminei uma sentença, tive subitamente a sensação de estar flutuando a uns 10 ou 15 cm acima do palco, e de que uma mão estava me empurrando de forma gentil mas muito firme em direção a uma jovem sentada na primeira fila. Por um momento, perguntei a mim mesma: "O que estou fazendo?". Uma voz interna respondeu: "Não, não, não pergunte, vá em frente". Eu não tinha idéia do que ia acontecer. Mas dirigi-me a ela e disse: "Dê-me as pílulas. Sei que você está planejando se suicidar com elas". Ela abriu a bolsa e tirou um vidro de pílulas. Todos os presentes ficaram absolutamente sem fala. Eles devem ter pensado: "Essa mulher é algum tipo de bruxa". Então, eu disse a uma das minhas estudantes: "Você sabe onde é o banheiro. Leve Mary até lá e certifique-se de que ela se livrou dessas pílulas. Quando vocês voltarem, trabalharemos as razões que estão causando essa situação, o porquê desse desejo de se matar". Quando as duas voltaram, o psicodrama teve início.

A primeira entrevista revelou que, três semanas antes, seu noivo, com quem deveria se casar no final do semestre, havia morrido num acidente de carro depois de haver ingerido LSD. Isso foi descoberto durante a autópsia. Após o enterro, os pais dele desenvolveram uma *folie à deux*: "Ele não morreu, apenas viajou e vai voltar". Sempre que ela vai visitá-los, porque sente necessidade de chorar a sua morte e falar sobre ele, eles dizem: "Como você ousa falar dessa forma? Você é uma menina má, ele não morreu, ele vai voltar logo para casa". "Então" disse Mary, "eu estou ficando louca."

Eu imediatamente reproduzi o acidente, com ela no lugar do noivo. Pedi que colocassem umas cadeiras no palco, e sugeri que ela se sentasse como se estivesse num carro, e pedi a alguns homens que viessem e a empurrassem para fora do palco. Ela caiu e ficou deitada no chão, abaixo do palco. Fui até ela e disse: "George, você sabe o que aconteceu com você? Você pode falar agora, porque no psicodrama todos podem falar quando querem ou necessitam. Você pode me ouvir?". "Sim." "Você sabe o que Mary está planejando fazer? Será que você poderia escolher alguém aqui para ser Mary?" Ele/ela escolheu uma menininha. Nessas alturas, quase todos estavam chorando.

A pequena Mary subiu ao palco e chorou também. Ela entendeu exatamente o que tinha de fazer sem que fosse necessária nenhuma instrução. Ela agarrou o protagonista e disse: "George, eu tenho de morrer. Tenho de me encontrar com você. Eu não quero ficar separada de você. Seus pais não querem admitir que você morreu. Eu estou ficando completamente louca". O protagonista sentou-se de forma ereta, assumiu uma voz firme, pôs o braço ao redor dela e disse: "Não, você não deve fazer isso. Foi um acidente. Ninguém me disse que eu não devia dirigir após tomar LSD. Eu não sabia. Mas você só vai me fazer ficar pior se vier se unir a mim. Sinto muito por havê-la deixado. A gente havia planejado uma vida legal juntos. Eu quero que você continue vivendo. Não ligue para os meus pais. Eles não são problema seu. Eles terão de digerir o que aconteceu do jeito deles. O seu problema é viver. Isso é o que eu quero para você. Sua morte só se somaria à minha culpa. Eu quero que você viva a sua vida plenamente". Fizemos a inversão de papéis, de forma que Mary pudesse ouvir a mensagem de George. Nisso consistiu o psicodrama. Está claro que depois houve uma boa dose de compartilhamento, e falou-se sobre idéias de suicídio e o que essas experiências significam para nós. Aqui você pode ver a loucura divina. Por um lado, o homem havia se matado por acidente. Ela achava que ele queria puxá-la para o lado dele por meio do suicídio, para a morte. Por outro lado, no psicodrama ele se tornou terapeuta dela, que considerou o fato de ele haver dirigido drogado como algo errado, e assegurou-a de que a vida dela devia ser vivida.

DAG: Segundo o folclore da Europa Central, o mal pode emanar das pessoas mortas. As almas de pessoas assassinadas, de pessoas que morreram de forma violenta, por suicídio ou numa batalha, ou seja, pessoas que morreram antes da hora e cujas vidas não tiveram um fim natural, em virtude da frustração, transformam-se em fantasmas ou demônios. O fantasma só alcança a paz quando consegue arrastar alguém para o outro lado, para a morte. Isso pode prosseguir por gerações, com um suicídio desencadeando o próximo. O suicídio é infeccioso, como uma epidemia.

ZERKA: A sociometria nos ensina que: "Nós não apenas afetamos um ao outro, nós infectamos uns aos outros". Então, aqui você vê uma infecção muito profunda. Ela pode ser emocional, física ou ambas. A idéia dos antigos sobre a loucura divina pode muito bem estar ativa na sociometria e ser tratada pelo psicodrama.

DAG: Você mencionou anteriormente que é muito importante estar aberta e funcionar como um canal. Moreno afirmou que o diretor deveria ser um catalisador para o drama e para o grupo, o que, é claro, incluiria a dimensão espiritual. Ao contrário disso, muitos estudantes dos dogmáticos e rígidos países da

Europa são agora treinados dentro de um conceito chamado *Der rote Faden* [A Linha Vermelha]. A "linha vermelha" é um conceito segundo o qual os diretores ou estudantes são encorajados a diagnosticar e a estabelecer rapidamente um plano com relação ao rumo das sessões. O trabalho é muito estruturado, e você deve saber o que está fazendo, e por quê. Em poucas palavras, o diretor sabe tudo sobre o problema, sua causa e efeito, sua cura, e o protagonista não sabe nada. A "linha vermelha" existe para o diretor, e não para o protagonista. Os diretores não estão assistindo mais, eles assumiram o controle das sessões. Você acha isso correto?

ZERKA: Quando eu dirijo uma sessão, sou uma lousa em branco, uma tela em branco. Na maior parte do tempo, eu não tenho nenhuma noção preconcebida. O psicodrama é, antes de mais nada, uma experiência. Eu quero vivenciar o que quer que o protagonista esteja vivenciando. No entanto, às vezes os protagonistas têm um problema específico no qual precisam trabalhar. Eu me permito ser guiada por eles, mas tento não estar excessivamente fixa ao começar.

Afaste-se das suas noções preconcebidas. Ouça com o coração, não apenas com a mente. Deixe que as coisas reverberem dentro de você. Por vezes, algo faz um barulho "ping, ping" dentro de mim. É o que Moreno chamava de "tele" ou "compreensão medial". Se você estiver aberto, ela aparece. Você pode ter uma linha vermelha, e ela pode ser muito útil, mas você pode descobrir que se trata da linha errada. Pode haver outras linhas vermelhas, mais grossas, mais pesadas, mais profundas e escuras.

DAG: A "linha vermelha" é algo que chega até você, e não algo que você cria.

ZERKA: Você não a impõe. Ela emerge do protagonista.

DAG: Ou talvez do drama?

ZERKA: Do drama também. Na verdade, ela emerge da interação entre o diretor e o protagonista, e do protagonista com os egos-auxiliares. No entanto, nem sempre você a percebe. Eu ensino aos meus estudantes a ser ingênuos, eles não deveriam saber muito. Mesmo que você tenha trabalhado com certa pessoa há três semanas atrás, ela pode não ser mais a mesma.

Ela pode haver passado por uma série de experiências que podem tê-la mudado. Estejam abertos à mudança! Não retornem sempre ao passado, onde vocês estavam anteriormente, a menos que trate de algo ameaçador sobre o qual você precisa alertá-los. O protagonista pode estar diferente do que era antes. A espontaneidade nos muda. A posição de Moreno era que o diretor tem de ser o membro mais espontâneo do grupo. Como se pode ser espontâneo quando uma noção fixa tem precedência?

DAG: Você poderia me dizer algo sobre as suas idéias relativas à transferência com relação à tele?

ZERKA: Quando eu trabalhava com pessoas num grupo, e depois as atendia em sessões pessoais, não gostava de trabalhar com elas individualmente e ao mesmo tempo no grupo, porque a transferência pode ser uma coisa muito obscura. A projeção nunca é sadia. Quando alguém faz uma projeção sobre a minha pessoa, tenho consciência de que ele na verdade não me vê. A transferência afixa uma máscara sobre o meu rosto. Elas estariam colocando suas necessidades e seu desamparo em mim.

DAG: Esse tipo de transferência que o cliente pode atribuir ao diretor ou terapeuta pode ser muito perigosa, porque o terapeuta ou diretor poderiam então achar que são eles que curam. O processo de cura não mais estaria nas mãos dos deuses, mas nas mãos de seres humanos. Hipócrates fez a seguinte separação que não existia antes. Deixe-me citar C. A. Meyer:

> A conexão interior entre a doença divina e o médico divino formava o núcleo da arte da cura no mundo antigo. Mas a antiga medicina científica grega foi desenvolvida junto com a medicina teúrgica. Ela foi desenvolvida para combater a doença. A doença seria então separada da pessoa do médico [...] Essa atribuição de qualidade divina ao médico tem seus perigos, por expô-lo ao risco da presunção.
>
> (Meyer, 1989: 7-8)

Você não acha que há o risco de os diretores de psicodrama tomarem para si esse poder divino da cura e tornarem-se presunçosos?

ZERKA: Eu creio que isso ocorre quando eles perdem o contato com o protagonista. Eles não produzem um bom psicodrama. É muito frustrante e irritante assistir a isso. Eu não deixo mais que isso aconteça. Quando eu vejo que isso está acontecendo com algum aluno, chamo a atenção com firmeza e digo: "Você não está ouvindo. Eu não sei o que você está fazendo, mas você não está ouvindo. Vamos voltar e prestar atenção ao que o protagonista acabou de produzir, e vamos ver o que você viu. O que você ouviu? Por que você está sobrepondo as suas idéias a isso? Acho que você não está presente". É destrutivo para o processo psicoterapêutico porque você perde o seu protagonista. Você não está lidando com ele no nível de que ele necessita. A tradução de "terapeuta" é "servo". Então, somos os servos no processo de cura.

CAPÍTULO 9

# O PSICODRAMA COMO TRAGÉDIA

*Aristóteles achava que o objetivo e a força principal da tragédia era fazer com que o espectador e a audiência acreditassem que as pessoas, tais como eram vistas no palco, poderiam realmente atuar e falar da forma como o faziam. Uma tragédia, portanto, só poderia ter efeito se a audiência a aceitasse e, em termos morenianos, pudesse fazer uma inversão de papéis com as personagens. A tragédia no palco teria então um paralelo na vida comum; tanto a produção teatral quanto a vida cotidiana estão ligadas ao que Aristóteles chamava de "universal".*

*As tragédias áticas eram escritas para serem representadas uma única vez nos festivais trágicos. Algumas vezes elas eram novas, mas geralmente uma tragédia antiga era reescrita, ou partes delas eram insertas num novo contexto. Conseqüentemente, uma tragédia refletia o Zeitgeist [o Espírito da Época]; ela exibia as mudanças na retórica da moda em Atenas, e a audiência também podia perceber os seus aspectos mutantes. Assim, os espectadores vinham muitas vezes para ver como as antigas histórias seriam contadas naquele ano.*

*No teatro trágico, a audiência aprendia que o mundo não funciona da forma como gostaríamos que fosse, e nossa capacidade de agir livremente é limitada por pré-condições. A tragédia é a representação de um mundo arquetípico por meio do qual ela espelha a realidade com compreensão e compaixão; ela é, portanto, um inimigo da fantasia auto-indulgente.*

*Não é moralizadora em termos de distinguir o certo do errado, mas revela as condições sob as quais certas ações e seus efeitos ocorrem.*

DAG: A palavra "drama" significa atuar; a palavra alemã equivalente seria *Handlung*. O drama era um diálogo estruturado entre o líder do coro e o coro. Antes do desenvolvimento do drama, havia a tragédia, *tragoidia* em grego, que literalmente significa "a canção do bode". O bode é um animal sexualmente muito potente. Ele também representava o deus Dioniso na mitologia. A "canção do bode" era uma canção de luto pela morte do deus Dioniso, que foi morto várias vezes, mas sempre ressuscitava. Portanto, ele é o deus da destruição e da criatividade. A canção do bode, ou canção do luto, era cantada e representada num estado de êxtase, e era totalmente desestruturada. Eu presumo, portanto, que o luto é um dos sentimentos mais profundos que um ser humano pode vivenciar. Ele é mais profundo do que a raiva, o amor ou qualquer outra coisa, e é realmente catártico. Cheguei à conclusão de que dirigir um psicodrama é como dirigir uma *psicotragoidia*.

ZERKA: As pessoas têm de passar por um processo de luto quando sofrem uma perda profunda. Elas podem acusar Deus pela privação. Trata-se também de uma acusação dirigida à vida, por assim dizer. É verdade, eu tive de fazer o luto pela perda do meu braço, e isso fez parte do meu processo de cura. É difícil justificar por que uma mulher jovem de 40 anos teria de passar por uma coisa como essa. Quando se recebe um mau diagnóstico, a primeira coisa que todos pensam é: "Por que isso tinha de acontecer comigo? O que fiz para merecer isso? Será um *quid pro quo*? Será algo que devo a alguém?".

DAG: Você conseguiu chegar a alguma resposta para essas questões?

ZERKA: A resposta é: "Neste caminho, impera a loucura". Não há respostas. É um mistério. Perguntei ao meu médico: "Como foi que isso aconteceu?", e ele respondeu: "Bem, a radiação está no ar. Os derivados do leite. As vacas recebem radiação na ração delas. Na verdade, não sabemos". Não é genético. Ninguém na minha família teve nada parecido. Trata-se de uma ocorrência extremamente rara, um câncer na cartilagem do osso. Então, cheguei à conclusão de que há certas coisas para as quais não há respostas. Algumas coisas na vida são mistérios. Na verdade, quanto mais velha fico, é maior o respeito que sinto pelos mistérios da vida.

DAG: Você poderia descrever o seu processo de luto?

ZERKA: Por muito tempo, senti-me extremamente deprimida. O fato de uma coisa como essa ter acontecido comigo me desiludiu. Eu não fumo, não bebo, *por que* aconteceu? Eu tinha um bebê para criar. Como eu poderia ser tão irresponsável a ponto de morrer e deixar uma criancinha cujo pai já tinha quase 70 anos? É uma irresponsabilidade. Então, eu também me acusei. Há muitas acusações num processo de luto. Descemos ao inferno com nossas culpas. Tudo isso fez parte do meu luto.

Então, percebi que tudo isso nada significava a longo prazo; não havia respostas fáceis. A única resposta era viver. Poucas pessoas saem do Memorial Hospital, na cidade de Nova York (o principal hospital para o tratamento de câncer e doenças afins), certas de que viverão. Não me garantiram uma certeza muito assertiva, mas ainda assim foi o suficiente para me fazer pensar: "Sim, vou conseguir dar conta. Vou sobreviver a isso". Eu tive sorte. Antes da amputação, seis médicos me diagnosticaram de forma incorreta. Eu havia circulado por aí com um nódulo em expansão por 15 meses. Já poderia ser tarde demais, mas não foi. Então, por um lado, eu pensei: "Sou um milagre médico ambulante". Por outro, pensei: "Bem, eu fui protegida. Não que eu tenha me protegido. Algo divino, talvez. Meu trabalho ainda não estava terminado". O luto é um conjunto de emoções muito complicado.

DAG: Em muitos lugares do mundo, há carpideiras profissionais, ou, como se diz em alemão, *Klageweiber*. Geralmente, são mulheres mais velhas, a quem se paga para que se debulhem em lágrimas e chorem alto, batendo no peito e puxando os cabelos, como forma de ajudar a liberar as lágrimas, a lamentação e o choro dos enlutados.

ZERKA: Trata-se de um ritual, que pode ser profundo, e algumas pessoas precisam disso. Possui um aspecto psicodramático. Essas mulheres funcionam como um coro grego e como egos-auxiliares para ajudar no aquecimento dos enlutados.

DAG: Talvez o luto no psicodrama ou na psicotragédia também possa ser um ritual de cura, porque é realizado num grupo, e não de forma isolada.

ZERKA: Certamente. Choramos juntos. Choramos a perda, o sofrimento e a agonia. Quando não choramos junto com o protagonista, o protagonista pode se ofender. Tive um par de sessões em que foi muito trabalhoso para o grupo chorar com o protagonista, porque ele era uma pessoa de personalidade difícil e antipática. Se o diretor não for capaz de produzir esse choro no grupo, o protagonista acaba ficando mais sozinho do que nunca, e sente que não foi tratado pelo grupo de forma adequada. Isso é particularmente verdadeiro quando o protagonista mostra um comportamento psicopata. Então o grupo, representando a opinião pública, torna-se o professor do protagonista, confrontando esta pessoa com o que poderia ser considerado um comportamento imoral. De fato, nessas circunstâncias, o protagonista fica sabendo que seu comportamento é inaceitável.

DAG: Então talvez o luto seja uma experiência transpessoal entre os membros do grupo.

ZERKA: Acabo de me lembrar das palavras de Santo Agostinho: "Não se espera que o ouvinte [do drama] se sinta reconfortado, mas sim estimulado a se lamentar". O psicodrama não é apenas o teatro da lamentação, mas também do alívio. Essa é a diferença principal entre o drama legítimo e o psicodrama. De acordo com Daniel Boorstin em seu livro *Os criadores*, com a transformação dos festivais dionisíacos em teatro grego, o estado das pessoas presentes mudou. Os festivais ocorriam nas ruas, e todos se envolviam na ação. O teatro era um local artificial onde "os cidadãos tornavam-se testemunhas" (Boorstin, 1993: 207).

CAPÍTULO 10

# O Diagnóstico no Psicodrama

*Na psiquiatria e na psicoterapia coloca-se muita ênfase no diagnóstico, como esquizofrenia, por exemplo, o que atribui um rótulo ao paciente. A palavra "diagnóstico" tem origem grega.* Gnosis *quer dizer "conhecimento, cognição e percepção."*[1] *Agnosis quer dizer o contrário. A palavra "diagnóstico" pode ser dividida de duas formas: dia-gnóstico e di-agnóstico. A primeira versão significaria, então, "conhecimento por meio da percepção". A última poderia ser entendida como "retirar o não-saber".*

*A palavra "diagnóstico" perde seu impacto na psiquiatria; ela deveria descrever um processo, mais que um produto final. O que a maior parte dos profissionais considera um diagnóstico na verdade nada mais é do que uma categorização. A palavra "categoria" também deriva do grego arcaico. Em sua raiz, significa falar publicamente no mercado. A categorização, então, poderia, se assim se quisesse, ser entendida como fazer a propaganda de um produto, o que, em certa medida, considera-se que os pacientes façam hoje em dia.*

DAG: O psicodrama é um método de esclarecimento e ação. Nos papéis que desempenhamos na vida temos muito em comum com outras pessoas, mas somos também únicos. Ter a consciência dessa diferenciação, e saber quais as características do lugar único de uma pessoa neste mundo é vital. Descobrir

---

1. *Knowledge, cognition and cognizance,* no original. (N. da T.)

aquilo que é único em você em relação ao mundo dentro do psicodrama é um dos objetivos deste. Parece-me que você e J. L. Moreno foram excelentes diagnosticadores. Vocês colocavam as pessoas num processo, e não as rotulavam. Vocês ofereciam a elas um mundo auxiliar com que se relacionar, como, no tratamento que vocês faziam para alucinações.

ZERKA: Moreno tinha como referência um modelo de saúde, e não de patologia. Ele não acreditava em rótulos. Diferentemente de Freud, ele não concebia o psiquismo como uma série de camadas. Ele não pensava nesses termos. Ele olhava para você na sua totalidade e com o seu potencial, e não apenas para suas falhas. Essa era a diferença. Ele diria, mesmo com relação a um psicótico: "Sim, podemos considerar que o paciente está apresentando uma espontaneidade patológica, mas é minha tarefa transformá-la em algo integrador e não desintegrador". Ele não acreditava que, se você tivesse uma categoria, e a nomeasse, isso queria dizer que você então a conhecia. Ele não era um lingüista nesse sentido. Os lingüistas acham que, ao se atribuir um rótulo, já sabemos o que é. Bobagem. Ele não achava que a linguagem é a rota privilegiada para isso, ou que ela poderia dar conta da totalidade do psiquismo. A linguagem não expressa tudo o que você precisa saber.

Por exemplo, rotulamos as comidas. Você vai ao supermercado e compra um vidro de geléia de amora porque você adora esse tipo de geléia. Você já possui a experiência sobre qual é o gosto de geléia de amora e sabe que gosta dele. Mas, até que você abra *aquele* vidro específico, você não sabe qual é o gosto *daquela* geléia. Com relação às pessoas, ocorre exatamente o mesmo. Você vê certos padrões, certos fenômenos. Deixe que aquela pessoa específica se revele a você, e você verá algo muito diferente.

Embora Moreno não fizesse uso da categorização diagnóstica psiquiátrica nos seus textos ou aulas, está claro que, como diretor de um hospital psiquiátrico, essas categorias eram documentadas. Moreno teria perdido o direito de clinicar num hospital para doentes mentais caso não tivesse se conformado com isso. Ele era um excelente diagnosticador em ambas as acepções da palavra. Quando ele rotulava um paciente com um diagnóstico psiquiátrico, geralmente tinha razão. Além disso, era fiel ao significado original da palavra "diagnóstico": "retirar o não-saber".

Quando minha irmã tornou-se paciente dele, por exemplo, ele disse para mim: "Ela está com uma depressão excitada". Isso foi em 1941, bem antes que o termo "bipolar" entrasse na moda, e, é claro, ele estava se referindo à depressão maníaco-depressiva de um tipo específico.

Quando criticado por não se comunicar com os colegas de modo aceitável, ele explicou que o diagnóstico em psicodrama é muito claramente iluminado pelo próprio processo. Portanto, o diretor toma decisões terapêuticas e dramáticas com base nos achados à medida que o psicodrama se desenrola. O diagnóstico é feito espontaneamente e usado para decidir as cenas e as interações. Nossa interpretação é testada, embora não seja necessariamente indicada para o protagonista ou para o grupo presente; pelo contrário, ela é colocada na ação imediata. À medida que os estudantes amadurecem no trabalho, tornam-se bastante sofisticados na apreensão do que o diretor construiu em termos de diagnóstico, e podem entender como esse constructo influencia o drama conforme este se desenrola.

CAPÍTULO 11

# O Compartilhamento no Psicodrama

*O compartilhamento é a parte final de um psicodrama; nele, os membros do grupo compartilham seus sentimentos e experiências de vida no que se refere ao psicodrama. Uma das razões para esta fase é o fato de que o protagonista revela bastante sobre sua vida, e deveria então receber algum retorno do grupo. O efeito é catártico nos membros do grupo, que conseguem se liberar de algumas tensões que se avolumaram no decorrer do processo. A conversa a seguir poderia esclarecer outros aspectos do compartilhamento, e em que medida ele deveria ser centrado no protagonista ou dirigido ao conteúdo do drama em si.*

DAG: Você poderia me falar alguma coisa sobre a história do compartilhamento no psicodrama?

ZERKA: Ocasionalmente, trazíamos pacientes de Beacon para as sessões abertas na cidade de Nova York, que Moreno oferecia a profissionais da saúde mental. Em vez de trazer os profissionais para Beacon, nós levávamos os pacientes para a cidade para demonstrar nosso trabalho. Uma vez, no final dos anos 40, Moreno trouxe uma jovem encantadora que se tornou nossa protagonista. Após a sessão, os psiquiatras começaram a analisá-la e a interpretá-la. Após a segunda ou terceira observação, ele percebeu que a moça estava desabando. Ela havia saído da sessão com clareza e sentia-se bem com relação a si mesma, e agora eles a estavam dissecando em pedaços. Eles a estavam decepcionando.

Finalmente, Moreno disse: "Basta! Isso não é bom; nem para a protagonista, nem para o processo. Vou dizer a vocês por quê. Todos vocês têm diferentes formações, e cada um dará sua interpretação. Uma coisa é verdade, a paciente nunca recebeu a atenção de tantos psiquiatras. Isso, em si, é algo de valioso, e pode fazer com que ela se sinta melhor. No entanto, não é bem o que queremos. Nós não queremos que vocês sejam psiquiatras, queremos que sejam membros do grupo. Gostaríamos que vocês compartilhassem a partir da sua própria experiência de vida". Dá para vocês imaginarem o que significa psiquiatras falando sobre a própria vida? Foi uma profunda revolução. Eles são treinados a manter distância profissional, ou, como na psicanálise, a ser uma tela em branco. Então, essa idéia de compartilhar suas vidas privadas era bastante ameaçadora, e completamente fora de seus domínios. É bem provável que essa seja uma das razões pelas quais Moreno se confrontou com tanta hostilidade por parte da fraternidade psiquiátrica.

DAG: Isso surgiu como um impulso para J. L. Moreno naquele momento?

ZERKA: Como uma percepção de que este não era um bom processamento para o protagonista. Não era útil como entrada psicodramática no grupo. Ele não estava alcançando o grupo. Eles estavam respondendo com o alto da cabeça até as sobrancelhas, mas não com o coração. Moreno explicou: "Vocês sabem, quando uma pessoa é protagonista e desnuda-se diante de nós, isso quer dizer que ela está nos oferecendo um tipo de amor. A única maneira de retribuir o amor é com amor".

DAG: O que vocês faziam antes disso?

ZERKA: Alguns diretores gostam de interpretar ou dar conselhos. Em supervisão, atualmente ensinamos a eles: "Não ofereçam conselhos, sejam guias humanos". Para os membros do grupo, dizemos a mesma coisa: "Falem sobre vocês mesmos, por favor. Não analisem ou dêem conselhos". Eles têm de ser ensinados a ficar com o coração aberto, e não apenas com a cabeça.

Então, quando os comentários se repetiam nesse estilo meio presunçoso, Moreno perguntava: "Diga-me uma coisa: você é casado? Você tem filhos? Sua filha tem a mesma idade da protagonista?". Muitas vezes calhava, como acontece com freqüência no psicodrama, de a pessoa ter uma filha da mesma idade, e com a qual estava tendo problemas. "É sobre isso que temos de falar. Diga à protagonista de que forma o drama dela atinge a sua própria vida e a experiência com a sua filha. Aqui você é um pai. Não se preocupe com as suas habilidades de psiquiatra. Isso não funciona aqui. Todos nós temos problemas humanos".

Na verdade, tive um exemplo clássico disso mais tarde, na década de 50. Um psiquiatra veio para Beacon como paciente, e eu havia levado para lá uma jovem muito perturbada. Ela assistiu à sessão dele e veio me dizer: "Essa foi a sessão mais importante que eu já assisti, mais importante até que a minha própria. Ver esse homem maravilhoso, bonito, simpático, todo arrumado, desmoronando diante dos meus olhos, e exatamente com o mesmo problema no casamento que estou enfrentando no meu, foi realmente uma lição para mim". Então, vemos aqui o inverso: a revelação do *self* como um ser humano que também fracassou ou está fracassando.

DAG: Foi a mesma coisa que o paciente do psicodrama de Adolf Hitler disse: que ver tantos outros pacientes descobrindo o Hitler dentro de si próprios o ajudou muito.

No entanto, houve uma situação que me colocou num dilema com relação ao compartilhamento: Eu tive de tomar uma decisão sobre se o compartilhamento devia ser dirigido para o protagonista ou para a produção psicodramática do grupo. Porque, sendo a segunda opção, as perspectivas são mais amplas. A seguinte história aconteceu comigo: havia um homem no meu grupo que estava abalado por ter matado um menino por atropelamento quando dirigia embriagado. Ele estava muito mal e não conseguia imaginar como dar seguimento à sua vida, embora já tivesse cumprido uma pena de dois anos. Eu não tinha a menor idéia de que naquele mesmo grupo estava presente uma mulher que havia perdido o filho atropelado por um motorista bêbado. Seu compartilhamento não foi muito suportivo para o protagonista. Na verdade, ela disse que pessoas como ele não tinham o direito de viver. O que você acha?

ZERKA: Está correto que ela tenha tido autorização para compartilhar do ponto de vista dela e de sua dor. Isso pode até ter sido bom para ele porque, de qualquer maneira, ele estava com aquela culpa toda. Ali estava a acusação que ele merecia e pela qual pediu. Talvez ele também estivesse pedindo para ser punido, e conseguiu. Mas eles poderiam ter ido mais além, fazendo uma inversão de papéis.

Deixe-me contar outra história. Um rapaz veio até as nossas sessões bissemanais em Nova York, querendo participar de um grupo de terapia. Ele era católico, seu irmão mais velho era padre, e ele acabara de descobrir que ele próprio era homossexual. Todos no grupo o aceitaram. Não houve embaraços ou julgamentos. No dia seguinte do encontro, ele me telefonou e disse: "Eu não posso fazer parte do seu grupo". Perguntei: "Por que não?". "Porque todos vocês me aceitaram." Repliquei: "Você não se aceita". "Não, eu necessito ser punido." Ele precisava ser o padre católico que seu irmão era, que disse que ele iria para o inferno. Eu não havia explorado sua necessidade de punição porque sempre fomos ensinados a ser suportivos. Ser suportivo neste caso significaria dar a ele a punição de que ele necessitava para se purificar.

DAG: O compartilhamento é muito importante porque diminui a transferência no grupo.

ZERKA: Correto. O compartilhamento é o aspecto de psicoterapia de grupo no psicodrama, além da participação dos egos-auxiliares no palco. É o lugar onde o psicodrama de grupo se torna psicoterapia de grupo.

CAPÍTULO 12

# A Criação do Duplo

*A técnica do duplo, junto com a técnica do espelho e da inversão de papéis, é uma técnica psicodramática fundamental. J. L. Moreno, ao conduzir uma sessão pública, apresentou a questão do duplo da seguinte forma:*

> *O que se vê num palco psicodramático? Você pode, por exemplo, ver certa pessoa que é um paciente psiquiátrico. Essa pessoa se encontra, mentalmente falando, numa tal condição que a comunicação fica extremamente difícil. Uma enfermeira não consegue falar com ela, um médico não consegue se relacionar com ela. Então, pode-se usar o psicodrama da seguinte maneira: você pega essa paciente, vamos chamá-la de Mary, e diz a ela: "Muito bem, você pode ter perdido qualquer tipo de contato com o seu pai, com a sua mãe, com a sua irmã, com o seu irmão. Você pode ter perdido contato com o seu marido, ou com os seus companheiros, os seres humanos, mas suponhamos que você possa falar consigo mesma. Quem sabe você ao menos possa falar com essa pessoa que é mais íntima sua, com a qual você está mais habituada. Se nós conseguíssemos produzir para você o seu duplo, então você poderia ter alguém com quem conversar, com quem pudesse atuar, porque vocês se pertencem uma à outra".*
>
> (J. L. Moreno, 1987: 129-30)

*J. L. Moreno relaciona o desenvolvimento da técnica do duplo, assim como todas as outras técnicas psicodramáticas fundamentais, aos estágios de desenvolvimento de uma criança. Após o nascimento, a criança passa por algumas semanas de uma existência muito específica, que ele chama de "matriz de identidade". Nessa fase, a criança vive num estado no qual a mãe, as outras pessoas, ela própria, e todos os demais objetos pertencem a um único universo — um único todo. Não há diferenciação ainda entre o mundo interior e o exterior.*

*No entanto, é aí e então que, com relação a todos os movimentos, percepções, ações e interações, o fenômeno do duplo é ativado pela primeira vez. Pode-se dizer que aí um experimento da natureza encontra-se em desenvolvimento, ao qual dei o nome de "duplo". Não importa o que venha a acontecer mais tarde durante o crescimento dessa criança, seu conflito primário prenunciará o seu destino. Este emerge a partir daí, cresce e se diferencia mais tarde, e se desenvolve.*

*Quando um protagonista tem diante de si, no palco, um duplo que realmente toca a sua alma, a relação entre ambos se parece com essa matriz de identidade. Quando o encontro é nesse nível, é quase como se fosse uma única pessoa. No entanto, isso que acontece entre ambos não é apenas empatia. Moreno considerava que a empatia era um processo de mão única. Ele acreditava que há outro processo que se desenrola entre duas pessoas que vai mais além da empatia mútua. A esse, no qual os pensamentos e sentimentos de ambos os participantes se entretecem, ele chamava de "empatia de mão dupla". Ambos penetram na mente um do outro e se influenciam reciprocamente. Esse fenômeno J. L. Moreno chamou de "tele".*

DAG: A partir da idéia do duplo ou do *Doppelgänger*, você acha que há outra Zerka Moreno andando por aí na Terra?

ZERKA: Eu adoraria encontrá-la. No entanto, seria meio assustador. Por que eu adoraria encontrá-la? Eu poderia aprender alguma coisa com ela e poderia ensinar-lhe alguma coisa também. Seria instrutivo. Sabe, quando eu era mais jovem, costumava dobrar as esquinas correndo, imaginando se haveria um duplo à minha espera. Minha mãe havia me comprado um vestido "dirndl"[1] na Alemanha, e uma vez eu o vesti para ir à escola. Encontrei outra menina, que também estava com um vestido "dirndl", mas era diferente do meu. O dela era austríaco, com o fundo em preto; o meu era florido em tons marrons. Olhamos uma para a outra totalmente atônitas. Eu jamais havia visto outra pessoa com um vestido "dirndl". Foi um pouco como encontrar um duplo, mas não exatamente.

1. Vestidos do tipo "dirndl" são típicos da Bavária e da Áustria.

Quando eu dobrava as esquinas correndo em busca de meu duplo, isso poderia estar relacionado com aquela sombra ou amigo imaginário que as crianças costumam produzir.

DAG: A sua companheira na Holanda se parecia e falava como você?

ZERKA: Não, nós não falamos uma com a outra. Éramos muito tímidas. Tínhamos cerca de sete anos. Na verdade, ela não se parecia comigo. Mas era uma menina engraçadinha. Nós dançamos um pouco na frente uma da outra, sem saber se prosseguíamos pela direita ou pela esquerda, até que ela tomou a iniciativa: "Você vem por aqui e eu vou por ali". Então, olhamos para trás e demos adeus uma para a outra. Jamais a revi. Concluí que ela não era um verdadeiro duplo porque era apenas parcial, mesmo as roupas eram diferentes. No entanto, as aparências externas nunca me enganaram. Mesmo quando criança, eu devo ter sido bastante sábia. Eu via pessoas que eram feias, mas possuíam almas lindas, e pessoas bonitas que tinham almas terríveis. Portanto, as aparências não me incomodavam muito.

DAG: Quando foi que Moreno teve a idéia do duplo?

ZERKA: Deve ter sido quando ele estava se sentindo solitário. Como ele explicou à paciente Mary: "Quando você está sozinha e não tem com quem falar, com quem você fala senão consigo mesma? Você reflete consigo mesma sobre o *self*".

O conceito de duplo, na verdade, é uma velha idéia mitológica. Moreno pensava que talvez Deus tivesse produzido todos nós duas vezes. Um fica com Deus, e o outro é enviado ao mundo. Essa é a razão pela qual ele/ela sabe tudo sobre nós. Porque nosso duplo lá em cima reflete tudo o que estamos fazendo. Isso tem relação com o que acontece quando os pais punem os filhos desobedientes, dizendo a eles: "Deus vê tudo o que você está fazendo", o que implica algo negativo, uma punição posterior. Moreno transformou essa idéia numa técnica positiva e integrativa, bem como numa noção romântica da vida. Creio que é uma idéia maravilhosa. Quando você morre, reúne-se com seu duplo sem punições e, portanto, fica fortalecido. Ninguém mais jamais teve essa idéia. Acho isso tão lindo.

Quando Moreno trabalhava com os pacientes, muitas vezes deparava com um problema prático. Eles não conseguiam explicar por que estavam doentes, ou não estavam acostumados a falar com um terapeuta. Então, ele dizia: "Você fala consigo mesmo(a)?", e felizmente, em geral, eles respondiam que sim. "Bem, então é como falar consigo mesmo. Eu vou escolher alguém para ficar perto de você, para representar aquela parte de você que fala consigo mesmo(a)."

DAG: Você concorda em que o duplo traz outro "eu" à tona?

ZERKA: Muitas partes do "eu". A idéia de que um ser humano é um indivíduo incapaz de ser dividido é, sem dúvida, um erro; somos feitos de muitas, muitas partes, papéis e seres. A palavra "individual" é enganosa.

Você sabe alguma coisa sobre o que está se passando dentro de si ou desperta essa consciência no protagonista. Como duplo, por exemplo, você poderia dizer: "Será que eu fui sempre tão infeliz assim? Não creio que me possa lembrar de uma época em que eu tivesse sido feliz. Vamos examinar isso um pouco". Estimulante e instigante.

Creio que há duas razões pelas quais J. L. fazia uso do duplo muito mais do que eu. Uma, porque tínhamos esses pacientes muito bizarros; quando não francamente psicóticos, eles estavam bem no limite. Esses pacientes não poderiam ser compreendidos exceto em termos de seu próprio entendimento, e a melhor forma de chegar lá era arrumar um duplo capaz de alcançá-lo. O duplo constitui uma ponte real entre o protagonista e o diretor. A outra razão é a seguinte: quando realizava sessões de treinamento para grupos profissionais, em sessões abertas, ele os ensinava a penetrar no psiquismo do protagonista. Você não tem de fazê-lo sozinho como diretor, você faz uso de um membro da sua equipe. No psicodrama, trabalhamos como equipe. Moreno foi o primeiro psiquiatra a realizar trabalho de equipe em psiquiatria.

Então, o que se tornou operacionalmente efetivo era também exibir (porque essa pessoa estava bastante exposta numa sessão de ensino) o interior dessa pessoa. Eu uso o duplo cada vez menos atualmente. Eu costumo transformar os protagonistas em seus próprios duplos.

Em meu treinamento com Moreno, as instruções que ele dava ao ego-auxiliar que fazia o duplo era que o protagonista representava o exterior, incapaz de exprimir o interior. A tarefa do ego-auxiliar era representar o interior do protagonista. Eu faço o inverso, dizendo ao protagonista: "Bem, nós tivemos a oportunidade de saber algumas coisas sobre os seus aspectos externos. Deixe agora que alguém seja o seu exterior, e seja o seu próprio interior, seu próprio duplo". Isso funciona muito bem.

DAG: Quando eu era seu aluno, ouvi você falar várias vezes sobre sua irmã Binky, e quão importante ela foi na sua vida, porque confrontou você com a loucura, e foi a doença dela que trouxe você até Moreno. Você era duplo dela?

ZERKA: É possível que eu não soubesse que era, mas que eu realmente tenha me tornado o duplo dela em algum momento, porque aí eu já sabia que havia alguma coisa seriamente errada com ela. Mas eu jamais podia falar sobre isso com ninguém. Eu tinha uns oito anos. Se eu tivesse ido falar com a nossa mãe e dissesse que havia algo de errado com minha irmã, ela teria dito: "Você é uma menina má. Não fale assim sobre a sua irmã, ela é tão boa, tão angelical. Não me venha falar mal da sua irmã. Você é que é mal-educada, menina má! Vá para o seu quarto! Eu não quero ver você". Então, eu guardei segredo sobre isso.

Minha irmã e eu costumávamos fazer exercícios quando éramos pequenas, na cama, à noite, para ver se conseguíamos transmitir imagens uma para a outra. Ela era boa para enviá-las. Eu era muito melhor para recebê-las. Quando eu tentava enviar uma imagem para ela, ela não conseguia receber. Então, você tocou em algo muito importante em que eu nunca havia pensado antes, que eu provavelmente devo ter desempenhado o papel de duplo muitas vezes. Eu tinha dez ou 11 anos naquela época. Na verdade, as imagens que ela enviava eram como um filme. Eu dizia: "Eu estou vendo um trem chegando", e ela respondia: "Está certo". A imagem era a de um trem correndo.

DAG: Você disse que a sua irmã podia enviar imagens, mas não recebê-las.

ZERKA: Talvez ela pudesse receber de outras pessoas, mas não de mim. Ela não era tão boa nisso.

DAG: Você acha que ela poderia ser o seu duplo?

ZERKA: Não. Ela uma vez desempenhou o meu papel numa inversão de papéis, quando mostrei a ela como eu me sentia. Mas não creio que ela realmente pudesse ser meu duplo, duvido que ela realmente saiba quem eu sou. Eu a intimido, ela me respeita e, em alguns aspectos, ela me teme. Mas não creio que ela pudesse me dublar, ela não é suficientemente integrada. Você tem de ser razoavelmente bem integrado para ser capaz de fazer isso com alguém. Ela não é assim bem integrada; não nessa vida, talvez quem sabe em outra. Ela conseguia ser muito maternal quando eu era pequena, amorosa e protetora, e foi maravilhoso quando ela começou a desenvolver os seios. Eu adorava deitar na cama encostada nela. Minha mãe freqüentemente não estava disponível e então era bom ter uma irmã mais velha assim. Então, sob certos aspectos, ela era uma pessoa protetora, mas, às vezes, também ameaçadora. Na minha opinião, ela não sabia que era ameaçadora.

DAG: A experiência de duplo é muito profunda. Mas tenho visto que, muitas vezes, acontece de pessoas se autodeclararem duplos e subirem ao palco para emitir uma sentença com a finalidade de apresentar uma percepção ou uma opinião; ou então o duplo é usado para influenciar o psicodrama em certa direção.

ZERKA: Acho que isso é uma imposição, e pode ser uma forma de manipulação. Pergunto ao protagonista: "Você quer um duplo?". Creio que os estudantes e os diretores às vezes desejam mostrar como são espertos, ou então estão superaquecidos. Às vezes, um membro do grupo deseja estar no palco como o protagonista, ou então está competindo com o diretor e quer assumir o comando do psicodrama. Portanto, é importante que o protagonista aceite o duplo. Nesse caso, eu poderia perguntar ao protagonista: "Está certo? O duplo está correto?". Isso outorga poder ao protagonista em vez de enfraquecê-lo.

No trabalho com pacientes, o uso de duplos é muito produtivo, porque você fica sabendo de certas coisas sobre o paciente que, de outra forma, não viriam à tona tão prontamente.

Eles podem não contar certas coisas a você, mas podem contar ao duplo. Uma das regras é: "Não sobrecarregue ou assuma o comando pelo protagonista". No início, quando começamos a aprender a trabalhar com o duplo, muitas vezes sobrecarregávamos o protagonista com nossas percepções, e isso nem sempre ajudava; o protagonista pode não estar pronto para aquele *insight*.

O duplo tem de se sentir dentro do protagonista, alcançar as imagens, os humores, as cores e o ritmo daquele protagonista. Mais tarde, os duplos podem assumir a dor de cabeça ou de estômago do protagonista; eles podem senti-las. Então, os egos-auxiliares têm de desfazer a identidade do protagonista. Isso é válido não apenas para a função do duplo, mas também no caso de se assumir um papel difícil referente a uma pessoa significativa ausente, relacionada com o protagonista. Às vezes, sugiro a um ego-auxiliar ou a um duplo: "Você precisa se livrar do papel? Dê uma andada, sacuda-se e livre-se do papel como precisar". A gente pode realmente assumir os males de outra pessoa dessa forma, se somos sensíveis ou especialmente vulneráveis, e não sabemos como nos proteger. Fazemos isso com qualquer papel perturbador e chamamos a esse processo de "desfazer o papel".[2]

DAG: Então, de certa forma, será que você não estaria ainda usando o duplo, na medida em que, mesmo que você nem sempre escolha a pessoa do grupo, você deixa que a pessoa seja o seu próprio duplo?

ZERKA: Eu posso perguntar: "Seria essa uma cena para a qual você precisaria de um duplo? Você precisa de um duplo agora?". Então, o protagonista pode decidir por si. Moreno costumava nos designar para a função de ego-auxiliar ou de duplo porque seus pacientes psicóticos não seriam capazes de saber quem escolher, de qualquer forma. Trabalhávamos muito intensamente com pacientes psicóticos, até chegar a um resultado. Moreno achava que sabia que ego-auxiliar escolher, porque sabia um pouco sobre o nosso repertório, ou confiava em nossa intuição. Além

2. *De-role*, no original. (N. da T.)

disso, no início não havia modelo para esse trabalho, nós o construímos ao longo do caminho. Quando começamos a trabalhar com pessoas normais, ou quase normais, permitimos que elas mesmas escolhessem seus egos-auxiliares. Isso também nos ajudou a entender a estrutura sociométrica do grupo.

DAG: Pessoalmente, eu já não uso duplos no treinamento tanto quanto fazia antigamente. Tendo a ter um diálogo com as figuras interiores e exteriores.

ZERKA: Eu também, mas trabalhar com o duplo pode ser uma técnica produtiva. Um aspecto maravilhoso do psicodrama é a sua flexibilidade. Como ator subjetivo-objetivo, a pessoa pode ir para a frente e para trás, porque na verdade está muito próxima de ser outra pessoa. Consegue-se dar uma volta privilegiada pelo psiquismo do outro.

CAPÍTULO 13

# A Projeção e a Participação Mística no Psicodrama

*Vários psicodramatistas levantaram a seguinte questão: o que Moreno queria dizer com o termo "objeto tele"? Há um mal-entendido bastate comum, no sentido de que a tele se referiria apenas a seres humanos, que significaria avaliar-se com os olhos dos outros. A tele abrange os animais, deuses, matéria, em suma, cada ser ou objeto imaginável. É verdade que um animal, por exemplo, não pode fazer uma inversão de papéis completa conosco, mas somos capazes de inverter papéis com o animal. A tele é um interfenômeno. O prefixo "inter" aqui significa "entre". Literalmente traduzido do grego, a "tele" refere-se à distância, seja ela entre dois ou mais. De uma perspectiva moreniana, a tele poderia ser definida como "a distância entre", todas as energias fluindo na distância entre dois ou mais. Ela nunca é um intrafenômeno, nem mesmo quando estamos discutindo a autotele, que se refere às diferentes relações dentro do repertório de uma única pessoa.*

*O conceito de tele, que em sua essência é um conceito sociométrico, consiste essencialmente na energia que se move "entre" e se relaciona com a espontaneidade, a criatividade e a ação. A tele é, portanto, sempre ativa, nunca passiva. Essa energia envolve também a dimensão imaginária. A gente produz imagens de uma pessoa que está em via de encontrar, ou do que acontecerá na noite seguinte com o(a) nosso(a) amado(a), por exemplo. A tele como interfenômeno relaciona-se com indivíduos, com díades, grupos e o cosmos. Ela se estende muito além da nossa definição usual de realidade objetiva e subjetiva, nos quais acreditamos que a realidade objetiva seja social, comumente compartilhada e física, enquanto a realidade subjetiva lida com a realidade psicológica do indivíduo. Numa realidade psicológica, incluímos fantasias, imagens, expectativas, sonhos, e excluímos tudo o que pertence à assim chamada realidade objetiva. Essa realidade psicológica não é física, não é comumente compartilhada e não é social. A palavra "real" não nos dá muita informação sobre o que alguma coisa é, mas em geral nos diz o que ela não é. Para muitas pessoas, a realidade psicológica "não" é real.*

*O poeta e dadaísta francês Pierre Reverdy, que era bem familiarizado com Tristan Tzara e o círculo dadaísta em Zurique, escreveu uma declaração em 1918 que, mais tarde, transformou-se num dos fundamentos do movimento surrealista e se relaciona muito bem com o psicodrama e a realidade suplementar:*

> *A imagem é uma pura criação da mente. Ela não pode nascer de uma comparação, mas sim de uma justaposição de duas realidades mais ou menos distantes. Quanto mais distante e verdadeira for a relação entre as duas realidades justapostas, mais forte será a imagem — maior é seu poder emocional e sua realidade poética.*
>
> (Reverdy, citado em Breton, 1972: 20)

*Este capítulo chama a atenção para o fato de que essa divisão entre realidade física e psicológica não tem importância, e que é verdadeira no campo psicodramático, no qual a separação entre o psiquismo e a matéria não existe. Zerka Moreno acredita que a tele é amar, gostar e respeitar ao mesmo tempo. Uma vez que a tele está relacionada com esse tipo de atração e respeito, ela tem as mesmas qualidades observadas na deusa grega Afrodite, que era a deusa da beleza, do amor e da fertilidade, e exigia respeito. A falta de respeito para com ela também significava falta de respeito pelo mundo, na medida em que ela representava a alma do mundo na "aparência" de toda a matéria mundana — árvores, fontes, e tudo o mais. A tele é um processo da alma, uma vez que põe em contato as pessoas com o significado do amor e da beleza, tal como se refletem um no outro, no mundo e nos deuses.*

*As sociedades ocidentais dão muita atenção à diferenciação entre a realidade subjetiva e a realidade objetiva. Uma incapacidade de distinguir entre o mundo imaginário interior e o mundo da realidade exterior é vista como uma perturbação. Os psicólogos se referem a essa falta de distinção como o "fenômeno da projeção", enquanto os antropólogos tais como Levy-Brühl chamam essa identificação arcaica de* participation mystique *[participação mística].*[1] *Ele a define como:*

1. Em francês no original. (N. da T.)

> *uma forma de relação com um objeto (coisa com significado) na qual o sujeito não pode se distinguir da coisa. Isso se ancora na noção, que pode ser prevalecente numa cultura que a pessoa/tribo e a coisa — por exemplo, um objeto de culto ou artefato sagrado — já estejam ligados. Quando o estado de participação mística é acionado, essa conexão adquire vida.*
>
> (Plaut, 1986)

*Será que nós realmente desejamos acreditar num mundo sem alma e sem deuses? Queremos acreditar num mundo em que apenas os seres humanos são providos de almas, como geralmente se presume? Será que os que dizem preces à Virgem Maria querem dizer apenas que crentes rezam para uma estátua? Será que as vacas sagradas do hinduísmo devem ser consideradas apenas um sintoma de psicopatologia e de perturbações primitivas? Será que a religião tal como é vista na psicoterapia moderna é apenas um sinal de patologia?*

*A divisão da realidade em subjetiva e objetiva cria várias semelhanças com a relação psicopatológica com o mundo. A personalidade psicopata tende a viver num mundo de "matéria" que não possui alma. Esse tipo de encontro com o mundo infelizmente está se tornando lugar-comum — tudo e todos são apenas matéria morta. Usamos e somos usados. Não há respeito, exceto pelo próprio* self *e suas necessidades individuais.*

*No palco psicodramático, nós, pelo contrário, nos envolvemos em "participação mística". Lá, tudo tem alma e espírito. Na tradição judaico-cristã, quando Deus criou o homem a partir do barro, seu* spiritus *transformou matéria sem vida em vida. No palco mágico do psicodrama, não separamos as realidades. O psiquismo e a matéria são mesma coisa — tudo se torna vivo.*

DAG: Na psicoterapia, o conceito de projeção significa que a gente está colocando um conteúdo interno num objeto externo no espaço. As fronteiras entre o mundo interior e o mundo exterior são portanto significantes quando se trabalha com projeções. O palco psicodramático, nosso principal instrumento, foi desenhado na forma de um círculo, contido dentro de si mesmo. Não tem início nem fim. No palco, a realidade suplementar é a da essência, e ganha existência. Nós, como psicodramatistas, precisamos seguir a percepção que o protagonista tem do mundo. Quão válido seria então trabalhar com a projeção no psicodrama?

ZERKA: Consideremos as pessoas que nos procuram com seus problemas. Os protagonistas, sejam eles pacientes, clientes, ou outras pessoas, são encorajados a explorar suas vidas em ação. Eles nos procuram com seus problemas, dores e percepções, quaisquer que sejam. A única forma de mudar as pessoas é por meio dos relacionamentos. Somos terapeutas da relação. Relacionamentos incluem aqueles com pessoas que podem estar ausentes ou presentes, animais, objetos, valores, com os que já faleceram, ou, quem sabe, com Deus.

Do ponto de vista materialista, ninguém pode assumir totalmente o papel de outro ser humano. Você não pode de fato fazer uma troca entre corpos, mas, do ponto de vista psicodramático, pode se aproximar de certos sentimentos do outro, quando no papel do outro. O que ocorre na inversão de papéis é que a sua percepção, quando no papel do outro, começa a mudar quando você põe de lado a sua própria pessoa. Ao assumir o papel do outro, você pode chegar muito próximo à essência daquela pessoa, olhando para o mundo através dos olhos dela. Isso também inclui vivenciar suas relações sociométricas, seus sentimentos, sua percepção de corpo. Essa inversão de papéis no palco é um processo de transformação em outra pessoa. Num sentido materialista, a inversão de papéis é um oxímoro,[2] não pode ser realizada. No entanto, na realidade suplementar isso pode ocorrer. O psiquismo e a matéria não são divididos no palco. Lá, vivenciamos a transformação: eu sou você, você é eu.

DAG: Você usa a palavra "essência" também no sentido espiritual?

ZERKA: Ela pode ser compreendida das duas maneiras, no sentido físico e no espiritual. Quando você faz uma inversão de papéis, você pode sentir subitamente o seu corpo mudando, todo o seu ser se transforma. Ele transcende, vai além do seu velho *self* diante dessa pessoa e torna-se outra. Na fase de comparti-

---

2. Oxímoro consiste na justaposição de palavras contraditórias, configurando um paradoxo. (N. da T.)

lhamento, os egos-auxiliares muitas vezes revelam experiências corporais ao compartilhar a respeito do papel que acabaram de assumir que o protagonista julga ser de uma precisão surpreendente. Então, os egos-auxiliares seguem em busca de uma percepção interior.

Quando você é ego-auxiliar ou duplo do protagonista, tem de remover a percepção anterior que tinha daquela pessoa. Se isso não acontece, você não efetua uma inversão de papéis completa. É exatamente por isso que, em alguns psicodramas, a inversão de papéis não funciona. Trata-se de uma disciplina psicodramática teatral, crucial no psicodrama. Para citar Stanislavski: "Aprenda a amar o papel em si próprio, e não a si próprio no papel".

Deixe-me tirar a seguinte conclusão do que eu disse: quando uma assim chamada projeção é uma realidade para o protagonista, é bem pouco terapêutico referir-se a ela como uma "projeção" no palco psicodramático. Talvez o seguinte exemplo sirva: um jovem paciente se apresenta a Moreno, porque ele tem ido a um terapeuta não-diretivo sem obter resultados. Ele constatou que era incapaz de falar com o terapeuta. Exatamente na época da sua primeira sessão terapêutica, ele ficou completamente mudo, e as sessões subseqüentes não mudaram esse comportamento. Moreno pediu a ele que montasse esse primeiro encontro com seu terapeuta anterior e sugeriu ao paciente que fizesse um solilóquio com seus pensamentos e sentimentos. O rapaz começou com a cabeça levemente voltada para o lado; parecia incapaz de olhar para o terapeuta. Moreno o encoraja novamente, e agora ele começa a falar: "Hoje é quarta-feira. Ele veste uma camisa azul. Todos sabem que os homossexuais vestem camisas azuis nas quartas-feiras para sinalizar aos outros homossexuais que estão disponíveis". Foi aqui que o tratamento psicodramático começou. Fica evidente que o pobre terapeuta não-diretivo não sabia o quão diretivo ele foi para esse paciente, mesmo sem pronunciar uma única palavra. Essa era a *realidade* do paciente, não uma *projeção*.

DAG: É bastante comum, especialmente na psicoterapia de grupo, que seus participantes, ou mesmo os terapeutas, chamem a atenção dos outros sobre suas projeções. Uma crítica acurada ao terapeuta pode, por exemplo, ser interpretada como uma projeção paterna ou materna, ou um problema com as figuras de autoridade. Esse ponto de vista remove o terapeuta da realidade do paciente. Explicar o comportamento de um cliente com o fenômeno da projeção significa negligenciar como as coisas parecem ser para o cliente. Dessa forma, você transmite ao paciente que a sua percepção da realidade é superior à dele.

Os terapeutas provavelmente perderiam seus empregos se o termo "projeção" deixasse de ter significado. Na psicoterapia, a projeção é a galinha dos ovos de ouro.

Um pré-requisito para ser diretor de psicodrama e dirigir qualquer protagonista é deixar a sua própria opinião de lado tanto quanto possível. É claro que a percepção de cada um é em grande medida criada pelas atitudes, sentimentos e opiniões, e vice-versa, mas elas deveriam ser tratadas com flexibilidade, já que podem ser influenciadas e mudadas pela auto-apresentação do cliente. Portanto, o diretor não deveria considerar isso uma desvantagem ou deficiência. Poderia bem ser um recurso em decorrência da tensão dramática entre o protagonista e o diretor. Respeitar o protagonista é de uma importância crucial.

ZERKA: Eu posso dizer ao protagonista: "Você quer saber a minha percepção sobre isso? Você quer ouvi-la? Eu sou diferente de você neste e naquele aspecto, mas não sou você Eu tenho de respeitar a sua percepção. Mas isto é o que vejo. Será que o que eu vejo está correto ou é incorreto? Então vamos esclarecê-lo juntos".

DAG: Essa é uma forma muito modesta e curativa de abordagem porque dá ao protagonista a oportunidade de dizer: "Não, essa é a forma pela qual percebo isso".

ZERKA: *A afirmação precede a negação.* Antes de mais nada, assegure o protagonista. Depois de assegurados, eles podem mudar! Se você empurra pessoas contra a parede, o que elas fazem? Elas querem bater, lutar, resistir a você. Ou então elas submergem, se escondem, desaparecem.

DAG: Do ponto de vista psicanalítico clássico, pode-se dizer que a projeção está ligada a fortes reações emocionais. As pessoas ficam muito zangadas, tristes, amargas, ou mesmo paranóides. Como você trabalha quando detecta esse tipo de coisa no grupo, por exemplo, no compartilhamento?

ZERKA: Geralmente, consigo explicar melhor com um exemplo. Eu tive como protagonista um homem que havia tentado se suicidar. No psicodrama, elaboramos sua depressão, a razão pela qual havia feito a tentativa, e sua determinação de viver. No compartilhamento, uma mulher que havia representado a sua mulher na função de ego-auxiliar, subitamente virou-se para ele de forma violenta e disse: "Espero que você esteja satisfeito, agora que já tentou se suicidar. Imagino que vá tentá-lo novamente!". Eu a interrompi e disse: "Alto lá! Você já foi a mulher deste homem no psicodrama. Ele a escolheu para esse papel e mencionou no compartilhamento que você era uma das melhores amigas dele aqui na clínica. Ele também nos demonstrou sua determinação em levar sua vida adiante, então, com quem é que você está falando?". Ela explodiu, apontou para o protagonista e disse: "Com ele". Objetei: "Não. Não, você não está falando com este homem agora. A quem lá fora você está se dirigindo?". Apontei para a janela. Ela começou a chorar e confessou: "Ah, meu Deus, acabei de me dar conta de que meu irmão suicidou-se há dois anos atrás". Pus meu braço ao redor de seu ombro: "Moça, aqui está a sua questão, você tem um caso inacabado com o seu irmão, que você está colocando neste homem aqui. O protagonista não tem nada que ver com isso, ele na verdade não se suicidou, embora estivesse profundamente deprimido. É claro que ele não o fará novamente, todos nós o vimos hoje".

Quando vejo esse tipo de emoção irracional, eu não a chamo de projeção; trata-se de uma emoção inadequadamente dirigida a uma pessoa que não deveria estar recebendo-a. Em resumo podemos definir a projeção como uma resposta *emocional inadequada* dirigida a outro objeto, pessoa ou assunto, numa situação específica. Isso é o oposto da espontaneidade, em que a resposta emocional seria adequada e de acordo com a situação.

DAG: O palco do psicodrama não diferencia entre interior–exterior, fantasia–realidade, passado–presente–futuro. Uma vez que não há necessidade de um ego para fazer essa diferenciação, o fenômeno da projeção como um todo realmente não tem nenhuma validade no contexto psicodramático. Onde há participação mística ou identificação arcaica, a idéia de projeção é inválida.

ZERKA: No psicodrama, trabalhamos com o que é apresentado, e o fato de ser ou não uma projeção não é importante. A relação é um fluido. A questão que se faz a si mesmo é: "Onde é que eu me coloco nesse contínuo com essa pessoa?". Colocar-me num contexto amoroso é uma posição, colocar-me num contexto antagônico é outra. É aí que as fronteiras podem ser especificadas e elaboradas, no lugar no contínuo, mas de outra forma seria muito fluido.

DAG: Moreno não se referia ao fenômeno da projeção (e transferência) em seus livros com muita freqüência, razão pela qual era criticado pelos psicanalistas. Ele não parecia ser da opinião de que esses fenômenos eram uma *via regia* para o psiquismo.

Nós, nas culturas ocidentais, temos a tendência a considerar outras culturas como primitivas, porque elas acreditam que a natureza tem alma. Qual o nosso ponto de vista sobre o desprezo ocidental com relação à crença de que o mundo tem alma? Será que a palavra "alma" só pode ser considerada um fenômeno projetivo?

ZERKA: Para os índios americanos, a terra e tudo o mais têm espírito. Os finlandeses têm esse tronco de árvore peludo com um rosto, que é considerado o espírito da árvore. Não temos de ir até a África, encontramo-lo na Europa também. Essa mitologia tem de ser respeitada, vivida e elaborada. Os estudantes alemães de psicodrama adoram trabalhar com contos de fada. O que são esses contos de fada? Damos substância a personagens que jamais existiram, jamais existirão, mas desempenham um papel importante em nossas vidas criativas e em nossa imaginação. Essas realidades se encontram em níveis diferentes. Para Moreno, é importante que o psicodramatista seja uma combinação de artista e cientista. O artista entende isso. Na arte, pede-se que suspendamos o julgamento crítico. Com exceção dos primeiros psicoterapeutas junguianos, muitos, especialmente os de orientação psicanalítica, se divorciaram dessa mitologia.

DAG: Deixe-me ler uma sentença do livro *The early Greek concept of the soul* [O primitivo conceito grego de alma]:

> [...] na época de Homero, o indivíduo ainda não tinha conhecimento do desejo como um fator ético, nem distinguia entre o que estava dentro e fora de si, como o fazemos. Ao referir-se a si próprios, os gregos antigos, como outros povos indo-europeus, não se consideravam primariamente como indivíduos independentes, e sim membros de um grupo.
>
> (Bremmer, 1983: 67)

Sempre fiquei impressionado pelo modo como você e J. L. Moreno enfatizavam a interdependência sadia, mais do que a independência. Na qualidade de ser humano, vivendo numa sociedade humana, somos todos interdependentes. A partir dessa perspectiva, a independência é tanto impossível quanto doentia. A superestimação da independência como signo do indivíduo sadio pode ser enganadora. Isso pode criar ou uma grande regressão, transformando o adulto numa criança exigente, ou num psicopata. Pode-se portanto concluir que hoje poderia ser útil para as pessoas, nas sociedades ocidentais, desenvolver mais confiança na dependência como objetivo terapêutico. Em outra sociedade, como por exemplo na Índia, com sua ênfase excessiva na dependência, o oposto seria desejável. Os protagonistas na Índia muitas vezes colocam no palco temas tais como casamentos arranjados, submissão à família e ao grupo, e o direito das mulheres ao trabalho e à conquista de alguma independência econômica. Em suma, creio que o oposto de ser dependente é ser saudavelmente interdependente.

CAPÍTULO 14

# A Psicoterapia de Grupo e o Indivíduo

*Esses pensamentos nos levam ao conceito de psicoterapia de grupo. Na psicoterapia de grupo, o grupo vem em primeiro lugar, e o indivíduo, em segundo. A ênfase é colocada no envolvimento e na capacidade de participar do grupo, em aspectos dos relacionamentos. Uma relação, por definição, envolve duas ou mais pessoas. A necessidade de pertencer é um traço humano universal. Os desenhos dos átomos sociais têm demonstrado que essa capacidade não significa necessariamente que a família biológica seja a primeira escolha, o que indica que a família é apenas um dos modos de formações grupais.*

*Moreno não colocava o indivíduo e o grupo em oposição. Sua preocupação primordial era a criação da tele entre os indivíduos de um grupo. Do ponto de vista moreniano, o grupo não tem consciente ou inconsciente próprio, como alguns analistas de grupo defendem. Um grupo consiste em seres humanos individuais e suas relações uns com os outros. Essas relações se constituem por atrações e rejeições mútuas, que se transformam na base da percepção e consciência grupais.*

*Ser membro de um grupo traz-nos problemas de ordem ética e de preocupação, assim como de consciência. A consciência, assim como a vergonha, nos coloca num estado de tensão e inclui a percepção do outro. Existe aí um aspecto de justiça, ou seja, um leva o outro em conta, assim como a si próprio. Portanto, ela é de caráter antiego, ela não serve aos interesses imediatos do ego. Isso implica restrições, que trabalham no sentido contrário da impulsividade e da aspereza instintivas, possibilitando o comportamento espontâneo. Sacrificamos o impulso em razão do amor pelo outro ou por algum ideal. Esse aspecto da justiça da consciência é muitíssimo importante. É a base para o amor ao outro e a si. Foi esse amor que nos livrou do comportamento bárbaro ou titânico, que nos torna humanos, com capacidade para refletir, respeitar fronteiras e criar formas.*

*A consciência é pluralista, o que significa que raramente se expressa por meio de apenas uma voz ou opinião, mas por várias. Um dos aspectos da consciência é de natureza apolínea, que age como um superego no sentido freudiano do termo, e é em grande medida aprendido pela história individual e coletiva do indivíduo. Esse aspecto da consciência reflete idéias morais e espirituais, e constitui o fundamento da ética, das normas, regras e leis da nossa sociedade. Os crimes contra esse aspecto da nossa consciência costumam levar ao medo da exclusão do coletivo, produzindo sentimentos de culpa e reparação. Nesse sentido, a confissão, tal como praticada em muitas seitas cristãs, é uma forma de ser perdoado pelos pecados, e assinala uma permissão para voltar ao grupo. Na psicoterapia de grupo também vivenciamos o mesmo, ao abrirmo-nos aos outros, revelando nossos aspectos mais sombrios e vivenciando o efeito catártico e o alívio de sermos readmitidos no grupo.*

*A psicoterapia de grupo lida com indivíduos "no" grupo. Na qualidade de terapeutas de grupo, freqüentemente observamos o dilema do indivíduo, na medida em que a forma pela qual deseja se relacionar com as pessoas nem sempre é o modo pelo qual suas palavras e ações são percebidas. Pode bem acontecer que um indivíduo tenha uma grande compreensão de suas próprias necessidades e desejos, e de como gostaria de levar a vida. Isso é bastante observado no introvertido, cujos desejos e necessidades podem não coincidir com os dos demais. O comportamento psicótico de pacientes psiquiátricos seria um exemplo de comportamento extremamente não-espontâneo, uma vez que eles não podem se dirigir de forma significativa ao seu meio. No palco psicodramático, esses pacientes são encorajados a dar substância a seu mundo e encenar sua forma de percebê-lo. Os membros do grupo podem então participar desse "mundo alucinatório" e, por meio dessa participação, isso se torna menos ameaçador para eles. Quando esse estágio é alcançado no processo terapêutico, até mesmo a "salada verbal" do protagonista diminui. A relação do paciente com o grupo, e do grupo com o "mundo alucinatório", é o agente terapêutico. Portanto, o psicodrama constrói pontes entre diferentes mundos, pessoas, religiões, e, como vimos anteriormente, para comportamentos que, num primeiro momento, podem parecer pouco familiares e estranhos.*

ZERKA: Olhemos para a criança. Creio que a maior parte das crianças antes dos cinco anos tem consciência de que elas vêm do cosmos. Elas são parte do Universo.

DAG: Não da mamãe e do papai, nem da cegonha?

ZERKA: A alma percebe que a criança vem de algum outro lugar. Eu tenho uma lembrança infantil de estar saindo de alguma escuridão em direção a uma luz relativa. Se é do momento do nascimento, ou de um momento de percepção de escuridão e luz, não sei. Creio que esse momento de estar naquela zona de penumbra ainda está conectado com o cosmos. Então, você subitamente descobre que não está mais conectado ao cosmos. Você está conectado a coisas materiais, uma pessoa que vem e vai. Moreno o descreve no seu capítulo sobre desenvolvimento infantil. Porque viemos do cosmos, achamos que somos a totalidade do mundo: as crianças são aquinhoadas com uma "megalomania normal" que elas jamais perdem inteiramente, e às vezes aplicam a si mesmas como instrumento terapêutico. De alguma maneira, nossa estrutura neurológica perpetua essa idéia. Você e eu nos dizemos boa-noite, numa noite de luar. Você vai para a esquerda, ao hotel, e eu para a direita, ao carro. Eu olho para cima, e a Lua me acompanha. Você olha, e a Lua o acompanha. Cada indivíduo tem um cordão que o une à Lua, como se fosse um balão. É como se você estivesse puxando a Lua com você, mas eu sinto que a Lua está me acompanhando. Todavia, é a mesma Lua. Nossa percepção cósmica é de que há apenas uma Lua, mas somos individualmente conectados a ela, o que faz parecer que haveria duas luas. Novamente, voltamos ao tempo e ao espaço. O ser cósmico, a criança, torna-se consciente das coisas materiais que a rodeiam, e passa-se muito tempo antes que ela perceba que é membro de um grupo, porque diferentes pessoas ao seu redor vem e vão. Então, elas começam a reconhecer essas diferentes pessoas.

DAG: Você acha que a percepção de grupo vem antes?

ZERKA: Não, quando criança, somos totalmente dependentes das outras pessoas, e isso faz de você membro de um grupo. Mesmo que se trate apenas de uma díade, mãe e criança, já é um pequeno grupo. A menor unidade de interação social é o par. Mas a consciência vem depois.

Nas culturas ocidentais, não costumamos considerar uma pessoa adulta até que tenha passado por um processo de individuação, isto é, que ela seja ela mesma, independente, competente para tomar conta de si; enfatizamos isso e a induzimos ao isolamento. As pessoas perdem contato com a família de origem e podem até mesmo perder contato com o cosmos. Há várias coisas preciosas na cultura ocidental, mas muito empobrecimento também. Preste atenção ao modo como os russos falam sobre a mãe Terra, ou nos índios americanos, que acreditam que a Terra é a mãe deles. Nós, nas culturas ocidentais, perdemos este sentimento com relação à Grande Mãe.

DAG: Quando foi que Moreno introduziu o termo "psicoterapia de grupo"?

ZERKA: Moreno iniciou a psicoterapia de grupo em 1912, quando começou a trabalhar com as prostitutas de Viena. Elas pertenciam a um grupo muito específico, na medida em que eram isoladas e rejeitadas — numa palavra, elas eram párias. Ele se preocupava com o fato de que esse grupo específico, por força do fato de ser composto por provedoras sexuais, ser marginalizado pelo restante da sociedade. As prostitutas eram rejeitadas pela Igreja Católica, que queria que elas fossem meninas comportadas e queria transformá-las em cidadãs respeitáveis e tementes a Deus; os marxistas as rejeitavam porque as consideravam más cidadãs. Todos as repeliam. Elas não conseguiam ter acesso a um médico ou à assistência médica, nem a um advogado, mesmo quando espancadas por um cliente. Moreno as via como um grupo totalmente indefeso. Seu desejo não era transformá-las em cidadãs respeitáveis, ele queria ajudá-las a ser mais coesas, queria que ajudassem umas às outras. Ele definiu a psicoterapia de grupo como um lugar onde cada pessoa fosse o agente terapêutico da outra, onde um grupo fosse o agente terapêutico do outro. Ele queria ajudá-las a se ajudar, ensiná-las a ter respeito por si mesmas pelo que estavam fazendo.

Curiosamente, com a irrupção da Primeira Guerra Mundial, todo o negócio da prostituição começou a mudar, porque os soldados queriam prostitutas, ou talvez porque algumas delas se tornaram respeitáveis, mas toda a cultura entrou em erupção. Ele não acompanhou posteriormente o grupo de prostitutas, uma vez que foi enviado para a divisão médica do exército austríaco.

Antes do final da guerra, Moreno foi designado superintendente de um campo de refugiados, Mittendorf. Os refugiados eram cidadãos austríacos que haviam morado próximo à fronteira italiana, e presumia-se que fossem leais aos inimigos, a população italiana. Realmente, eles falavam italiano e ocupavam-se do cultivo de vinhas. No campo, foram transformados em operários de fábrica, um trabalho totalmente estranho para eles. Novamente, Moreno via-se diante de pessoas desenraizadas: os desamparados, os jovens, os idosos, as mulheres e as crianças, todos tendo sido forçados a se deslocar de um local para outro. Os homens haviam sido enviados para a guerra. Moreno desejava dar a eles um sentido de pertencer a alguém ou a algum grupo. Ele observava o que estava acontecendo, via mulheres à mercê dos guardas; elas não tinham marido nem irmãos para protegê-las, seus próprios homens eram idosos e iam dormir. Ele se sentia responsável pelos desamparados e vulneráveis. Ele observou o mesmo em psicóticos, mais tarde: desamparo e vulnerabilidade.

Foi em Mittendorf que ele desenvolveu suas idéias sobre sociometria, que pretendia usar na reorganização dos grupos e no fortalecimento da população. O fortalecimento que ele pretendia instaurar estaria relacionado com dar oportunidade às mulheres para que escolhessem seus pares, seus companheiros de moradia, seus colegas de trabalho, e mesmo os guardas. Ele queria construir uma comunidade baseada em princípios sociométricos. Infelizmente, as autoridades não lhe deram permissão. Como era época de guerra, as autoridades precisavam especialmente manter o que consideravam ser a lei e a ordem, e estavam temerosos em ceder às pessoas o poder de dar forma às suas próprias vidas.

DAG: Então Mittendorf foi outro início do conceito de psicoterapia de grupo que ele veio a desenvolver mais tarde em sua prática psiquiátrica. Um indivíduo podia ser agente terapêutico, ou de ajuda, para o outro. Quando você acha que ele usou pela primeira vez o termo "psicoterapia de grupo" num sentido clínico?

ZERKA: Quando foi trabalhar na prisão de Sing Sing, em 1931. Ele foi convidado pelo superintendente Warden Lawes para ir à prisão transformá-la numa comunidade socializada. Moreno estudou as personalidades dos detentos, realizou uma avaliação sociométrica e então fez com que fossem reagrupados com base na complementaridade ou na similaridade de personalidades, de forma que pudessem se ajudar uns aos outros. Muitos desses detentos eram altamente perturbados, ou, se não o eram no início, o isolamento em todos os níveis e as condições da prisão acabavam por produzir tais perturbações mais cedo ou mais tarde. Foi assim que Moreno transformou essa prisão numa comunidade socializada. Com base nesse estudo, foi convidado para a Escola de Treinamento para Meninas em Hudson, Nova York, em 1932, onde começou a coletar dados para sua obra-prima *Quem sobreviverá?*, e também a explorar vários outros sistemas escolares.

Ele nunca acreditou que a psicoterapia de grupo e a sociometria em si pudessem curar, ou o psicodrama, sozinho, fosse o agente de cura. Eles tinham de se agrupar sob um guarda-chuva comum. Tratava-se de um sistema sociométrico tripartite: todos os componentes deveriam ser usados em conjunto. *Ele nunca planejou que o psicodrama fosse separado dos outros.*

Quando começou a trabalhar com seus pacientes, ele se focou no psicodrama. Isso foi um tanto quanto contrário à sua intenção original, que era criar uma revolução sociométrica na qual as pessoas não apenas se ajudassem, mas tivessem a liberdade de circular e encontrar novas alianças à medida que seus critérios sociométricos mudassem. Ele achava que todo o mundo deveria ter o direito de escolher com quem queria viver, aprender, trabalhar, se divertir e ter todo tipo de interações significativas.

CAPÍTULO 15

# O PROTAGONISTA

*O teatro clássico e tradicional se ergue sobre conflitos tais como infidelidades, traições, ciúmes, amor, casamentos, madrastas, mortes, heranças. Nos dramas gregos, o protagonista é ou a causa do que está sucedendo a ele em virtude da arrogância, de um mal-entendido, ou da indiferença, ou é simplesmente lançado nos acontecimentos graças ao destino, ao desejo de entretenimento dos deuses, ou a uma maldição lançada pelo oráculo de Delfos. Protagonistas tais como Édipo, Orestes e Eletra não fizeram necessariamente algo para merecer sua sorte. A tarefa do protagonista é tentar administrar a situação da melhor forma possível. Seus diálogos espelham os sentimentos e pensamentos por meio do coro. A tensão interna dos diálogos é o objeto da produção dramática. O drama lidava com o modo como os seres humanos conseguiam administrar seus instintos e limites, e suas relações com os deuses. No drama grego, acompanhamos os diálogos e o destino do protagonista para melhor ou para pior.*

*No psicodrama, há essa tensão e trazê-la para o palco é que constrói o drama. Aí reside a beleza: a tensão em cada momento da produção espontânea, cada momento em si, revelará essa "beleza". Mesmo as cenas mais dolorosas do psicodrama contêm o dilema único daquele protagonista específico.*

*A palavra grega "protagonista" consiste em duas partes:* protos, *que quer dizer "primeiro"; e* agon, *que significa "ser", "fazer", "agir". Antes de ser ator, ele era a figura central, a personagem principal, o número um no ritual dionisíaco, assim como nos Jogos Olímpicos, como o arremessador de discos. Como os Jogos Olímpicos eram competitivos, cada protagonista tinha um antagonista. No entanto, Moreno não usou a palavra "antagonista" para designar os egos-auxiliares. Não é uma boa idéia usar essa palavra, porque há mais do que antagonismo entre protagonista e egos-auxiliares, mesmo que possam se envolver numa briga de vez em quando. O ego-auxiliar não é, em princípio, um antagonista, mas um agente terapêutico.*

*O protagonista no psicodrama é análogo ao do drama grego primitivo, anterior à Antigüidade. Lá, ele era o protagonista, o autor, o executor e o diretor. Nos desenvolvimentos posteriores do drama, esses papéis foram separados e distribuídos a pessoas diferentes. Os dramas eram agora dirigidos, ensaiados e desempenhados, e não mais espontâneos, mesmo quando apresentados uma única vez. Em dramas posteriores, o protagonista emergia do coro, e o drama escrito tornou-se um diálogo entre o protagonista e o coro.*

*A palavra "protagonista" também pode significar "o primeiro a agonizar". Uma vez que Moreno pinçou essa palavra do teatro grego, podemos pressupor que ele queria dizer implicitamente que o protagonista no psicodrama também está passando por uma "viagem" dionisíaca. Essa viagem é, acima de tudo, caracterizada pela humilhação, pela vergonha e pela morte, numa terra de horror e medo; ele enfrenta sozinho uma situação de perigo. É um encontro solitário com a morte. A morte, aqui, é considerada no sentido de "a vida não pode continuar dessa forma". O* status quo *vai-se quando Dioniso surge.*

*Moreno fundou essa idéia da espontaneidade e da criatividade na confrontação com o momento de surpresa, que podia se assemelhar ao aparecimento de Dioniso. A idéia de Moreno sobre "a psicologia do momento" lidava com o momento de criatividade, em que nenhuma advertência é feita de forma antecipada, e não se pode fazer nenhuma predição. As coisas simplesmente acontecem: a pessoa é demitida, se divorcia, alguém morre: tudo acontece sem aviso. Mesmo que a morte de alguém próximo esteja sendo esperada há muito tempo, Dioniso ainda assim entra na cena quando essa pessoa realmente morre. Ainda é um momento de surpresa e de choque.*

*Quando as pessoas perguntam: "O que posso fazer para evitar que isso ou aquilo ocorra?" ou "O que posso fazer para me sentir da mesma forma que me sentia antes que isso me acontecesse?", a resposta seria: "Nada!". Esse momento de surpresa não tem volta. Já aconteceu. Ele traz confusão, medo e piedade, e dá início à loucura divina* (Theia Mania). *Tal momento pode desencadear a ansiedade, que é o oposto da espontaneidade; esta leva à possibilidade de que se domine adequadamente a situação. Moreno achava que o ego é muito mal preparado para as surpresas, defrontando-se com cada nova situação com falta de espontaneidade. No psicodrama, o protagonista pode redescobrir e recuperar a espontaneidade.*

*As pessoas constantemente buscam explicações, mas, assim como as catástrofes naturais, muitas experiências permanecem inexplicáveis. O sofrimento e a dor não resultam sempre de influências externas. Às vezes, podem nem mesmo decorrer de influências internas, eles simplesmente acontecem.*

*O que caracteriza o deus Dioniso é o movimento, o fato de não permanecer numa situação em que se fica em suspenso, encalhado. Moreno enfatizava muito a idéia de tocar para a frente. O afastar-se da estagnação sempre envolverá ansiedade, e possivelmente temor ou outras emoções.*

*É um erro comum considerar-se o psicodrama apenas como método de "redução da dissonância" a fim de "curar a pessoa". A verdadeira cura implica a inclusão de todos os aspectos, para dar significado a eles.*

*Se o psicodrama seguir a tradição psicoterapêutica, isto é, servir a alma, então deve-se honrar a necessidade de seguir o processo dionisíaco de desintegração, com posterior reconexão entre vida e alma. Tudo isso se baseia em honrar a dissonância ousando experienciá-la. Moreno disse uma vez que o psicodrama era a terapia para deuses decaídos.*

DAG: Você sabe quando Moreno começou a usar a palavra "protagonista"?

ZERKA: A *De poetica*, de Aristóteles, influenciou-o especialmente no que diz respeito à descrição da catarse no espectador. Aristóteles defendia que a catarse nas pessoas ao assistir a uma tragédia envolveria principalmente duas emoções: piedade e temor.[1] Em algumas traduções para o inglês constam "temor reverencial e medo".[2] Aristóteles achava que os espectadores se identificam com a personagem principal — Édipo, por exemplo. Isso significa que Édipo, o protagonista,

1. No original, *pity and fear*. (N. da T.)
2. No original, *awe and fear*. (N. da T.)

é portador dessas emoções em benefício dos espectadores, os quais, ao vê-lo, obtêm uma purgação emocional porque compartilham dessas experiências com Édipo: eles sentem terror e piedade, temor reverencial e pena por seu trágico desdobramento.

Por Moreno se interessar particularmente pela ação e pela posição do ator, ele dizia que os espectadores sabiam muito bem que a figura no palco não era realmente Édipo, e sim uma representação de sua história. Por trás da máscara de Édipo, havia uma pessoa real, um ator. Quais são os sentimentos dos atores em relação aos papéis que estão desempenhando? O que realmente se passa com essa pessoa? Se removêssemos a máscara, o que veríamos? Que efeito teria nos espectadores assistir à própria dor, aos temores, terrores e às alegrias dessa pessoa? Moreno chamou essa identificação com o protagonista de "catarse estética".

O objetivo de Moreno era obter uma *catarse terapêutica pessoal.* Isso foi uma genuína revolução no teatro. Bem poucas pessoas compreendem essa mudança radical na qual o ator espontâneo não é um arlequim, um palhaço, um nobre, ou a Virgem Maria, que são representações de outros seres, e não deles mesmos. Ele queria que o ator fosse como realmente é, com suas limitações, suas escolhas, seus medos, em todos os sentidos. Moreno nos ensinou a deixar que fossem seus próprios protagonistas, em vez de serem protagonistas de um papel designado para eles, seja por um consultor dramático ou um escritor, não importa quão genial; isso nada tem que ver com isso. Não é uma depreciação, trata-se apenas de um processo diferente. Quero saber o que essa pessoa realmente está sentindo, em seu próprio benefício. Então, posso dizer que, no grupo que observa, as pessoas que observam isso terão uma catarse terapêutica pessoal, porque estes são temores reais, lágrimas reais, risos reais, alegrias reais.

Moreno descobriu entre os atores um tipo específico de doença profissional, tal como garçons que adquirem pé chato, e mineiros que adquirem doenças pulmonares. Os atore
quirem o que ele chamou de *neurose histriônica.* Eles
pedacinho do psiquismo das outras pessoas por meio d

papéis que desempenham. Por exemplo, Édipo, Hamlet, o rei Lear, Macbeth aderem a seus psiquismos e reduzem ou competem com sua própria criatividade. Eles freqüentemente se tornam pessoas perturbadas, bebem, adquirem todo o tipo de vícios, têm vidas íntimas terríveis. O que ele queria fazer era restaurar a criatividade do ator, não do papel.

DAG: Como você acha que deveríamos nos relacionar com a regra de que devemos seguir a verdade do protagonista?

ZERKA: Nós trabalhamos com um rapaz de cerca de 18 anos, que havia se apaixonado por seu meio-irmão mais velho. A mãe e o pai haviam se divorciado e casado novamente, era uma família mista, com vários filhos na família. Os dois filhos mais novos começaram um relacionamento sexual na adolescência. O meio-irmão era três ou quatro anos mais velho que o protagonista. Na época em que o protagonista, nosso paciente, tinha 18 anos, o outro rapaz mudou para um padrão heterossexual, interrompeu a relação com ele e trouxe uma namorada para casa. Nosso amigo ficou muito doente. Ele desenvolveu a fantasia de que estava grávido de uma criança do seu amante, na medida em que considerava que eles eram casados, com ele desempenhando o papel da esposa que acreditava estar grávida. Ele foi trazido a nós nesse estado agitado, pseudográvido.

Moreno começou explorando na ação a relação entre esses dois rapazes, e a rejeição que Micky havia sofrido por parte do seu amante. Era uma história muito triste. Ao mesmo tempo, nosso paciente era realmente um menininho bem mau. Ele era muito manipulador. Dificilmente existe algo que seja mais manipulador do que uma mulher que acusa seu marido, agora infiel, de que ele a está abandonando quando ela se encontra grávida dele, quando de fato não está.

Por três vezes ele saiu do lugar distante, onde sua família morava, e foi para Nova York, registrou-se em um hotel e fez um telefonema interurbano para sua mãe dizendo que ia se suicidar. Se isso não era uma manipulação, então eu não sei o que é uma manipulação. De um lado, eu via esse tipinho manipulador, horrível; por outro, via sua dor. Sem consultar o protagonista, Moreno designou-me para ser seu duplo e pediu-me que subisse ao palco. Dublar era minha função principal naquela época no teatro. Do momento em que saí de minha poltrona, onde estava sentada como espectadora, ao momento em que subi ao palco e postei-me ao lado dele, transformei-me de uma pessoa que achava que ele era alguém que estava sofrendo, mas também um mau caráter, numa pessoa que apenas estava sofrendo. Começamos a falar sobre a nossa dor, e como poderíamos continuar a viver e nos conciliar com a situação.

Imaginem só estar no papel desse jovem, vivendo essa rejeição e tudo o que isso implica. Estamos expondo a dor, sem comentários. Essa foi a última cena desse psicodrama específico.

Em psicodramas posteriores, lidamos especificamente com sua relação com o ex-amante e as suas famílias. Mas, nesse ponto, Moreno interrompeu o psicodrama para assinalar ao grupo o quanto nosso paciente estava sofrendo, para que as enfermeiras, os outros estudantes, a equipe e os demais pacientes fossem delicados com ele, não rissem nem fizessem troça dele, dizendo: "Você não está grávido, rapazes não têm bebês!". Não, ele nem tocou no assunto. Ele tocou na agonia.

Eu voltei a me sentar, e Moreno começou a retirar Micky do psicodrama, a reinseri-lo no grupo, para construir pontes e explicar a todos: "Vocês viram o que aconteceu, viram o quanto ele está sofrendo". Em determinado momento, ele começou a falar com o protagonista que estava sentado ao lado dele e começou a balançar a cabeça negativamente. Moreno perguntou: "Qual é o problema?". O protagonista me apontou e disse: "Você me explica para ele". O que aconteceu é que eu havia estado dentro dele, todos os demais, fora dele. Só eu era capaz de entender e sentir com ele.

Após essa primeira sessão, o jovem não trouxe mais suas idéias sobre gravidez. Ele só precisava ser ouvido, ser conhecido, ser visto, ser sentido, ser reafirmado e respeitado.

DAG: Essa também tem sido a minha experiência com o psicodrama, tanto com pessoas doentes quanto sadias. Na medida em que trazem a ação e sua agonia para o palco, começam a ver a situação a partir de dentro de sua própria agonia, criando uma perspectiva diferente. Possibilitar o surgimento disso é função do talento artístico do diretor. Como diretor, você inverte papéis tanto com o protagonista quanto com as outras personagens significativas no palco, você opera dentro da distância, dentro do intervalo, a agonia dentro do protagonista é o que você dramatiza no palco. Em certo sentido, pode-se dizer que essa tensão entre o protagonista e seu outro significativo cria a cena. Se esses diálogos forem adequadamente encenados no palco, minha experiência é que esses sintomas sempre desaparecem.

ZERKA: Concordo. Em determinada época, as pessoas costumavam perguntar a Moreno: "Você está tratando do sintoma, mas será que está tratando da doença?". Ele respondia: "Se você me dissesse como posso separar o sintoma da doença, eu ficaria muito feliz". O sintoma é por onde os psicodramatistas começam. Mas não o deixamos lá. Alguns outros diriam: "Você faz os pacientes ficar mais doentes, você os confirma na doença deles". Moreno respondia: "Sim, de certa forma. Eu dou a eles uma dose de insanidade sob condições de controle e segurança". O psicodrama é um remédio homeopático (*Simile similis curantur*).[3] Mas ele também disse: "Não é com a loucura que eu me preocupo, é com o controle. Aqui, o controle é terapêutico; no mundo, de modo geral, o controle é perigoso, antiterapêutico e punitivo."

DAG: Moreno colocou de forma muito clara que o objetivo da realidade suplementar seria liberar o ser humano das amarras da realidade. O psicodrama pode oferecer às pessoas uma experiência que elas não conseguem ter no mundo exterior ao teatro psicodramático: por exemplo, cometer suicídio e ainda assim continuar vivo depois, ou ser um rapaz de 18 anos grávido, como no seu exemplo. Aqui no palco, ele pode encenar e encontrar seu mundo. Dando substância ao seu mundo, ele se torna o criador, junto com os outros membros do grupo, porque agora, no psicodrama, ele não está mais sozinho. Ele traz outros participantes para o seu mundo.

---

3. "O semelhante cura o semelhante", princípio de cura em homeopatia, em latim no original. (N. da T.)

ZERKA: Podemos inicialmente arrumar um duplo para o protagonista, para ajudá-lo a aprofundar a experiência da agonia e ampliá-la, aumentá-la. É a isso que as pessoas se referem quando dizem: "Você torna os pacientes ainda mais doentes". Outra das respostas de Moreno foi: "Sim, eu faço isso. Atribuo altura, profundidade e largura ao problema deles, acima e além do que conseguem fazer por conta própria. Se pudessem fazê-lo por conta própria, não necessitariam de nós".

Ao referir-se ao seu trabalho com pacientes psicóticos, Moreno dizia que um paciente psicótico está criando um processo de nascimento interior: ele está criando uma nova identidade para si. O paciente não pode fazê-lo sozinho porque ninguém o ouve, ninguém o leva a sério, ou ninguém entende. Um protagonista precisa de uma platéia. Eu e você temos uma platéia um com o outro.

O psicótico não tem platéia, e vai sendo impelido na direção de um isolamento cada vez mais profundo, porque ninguém acredita nele: "Você não é Jesus Cristo, seu nome é Bill Brown!". É isso que o analista faz. Moreno, pelo contrário, diria: "Jesus, eu sempre quis conhecê-lo. O Senhor tem uma vida tão fascinante! Mostre-me como ela é!". Nós como terapeutas e diretores de psicodrama, aqui, nos transformamos em parteiras para ajudar a concluir esse parto. Uma vez terminado, o protagonista pode olhar para ele de forma mais distanciada. Você pode imaginar o que aconteceria a uma mulher que ficasse sempre grávida, e jamais visse ou segurasse o seu bebê? Ela ficaria louca. O que nos mantém ligados à vida são as questões inacabadas. O psicótico tem enormes questões inacabadas, ele é incapaz de completá-las por si só. Ele necessita da parteira, do terapeuta, para completar seu parto. Esse processo de nascimento ocorre na realidade suplementar junto com o diretor e o grupo, no mundo mágico do psicodrama. Então, talvez, o protagonista possa aprender a se separar da estrutura psicótica. Até que isso ocorra, ele não se restabelecerá.

CAPÍTULO 16

# A Sociometria

*Infelizmente, há uma tendência na psicoterapia de grupo de aplicar idéias sobre o grupo que antecedem o advento da sociometria. Freqüentemente, a abordagem nesse tipo de psicoterapia segue idéias relacionadas e enraizadas na psicanálise e na psicologia do inconsciente do indivíduo, em vez daquelas guiadas pela dinâmica de grupo, tal como revelado na sociometria. O processo de cura na psicanálise é relacionado à dissolução dos fenômenos de projeção, manifestos no processo de transferência dirigido ao terapeuta e aos membros do grupo.*

*Moreno enfatizava que a mediação terapêutica não estava necessariamente relacionada com o terapeuta, mas era inerente a cada membro do grupo. A sociometria lida com escolhas. Em razão de serem geralmente escritas ou realizadas na ação, as escolhas são sempre conscientes. A motivação para a escolha — a lógica, os sentimentos e as necessidades tais como apresentadas pelos membros do grupo — fornece toda a percepção necessária. Pode bem haver motivos inconscientes para as escolhas, mas, uma vez declaradas e proferidas, não são mais inconscientes. O sociograma torna visíveis as escolhas, facilitando o processo psicoterapêutico de grupo, que inclui o encontro e o psicodrama.*

*Trabalhar em grupos nos quais apenas a transferência é reconhecida como motivação significa trabalhar com aquilo que "não está manifesto". Portanto, a transferência baseia-se na interpretação. A interpretação tem de ser aceita, e tem-se de concordar com ela, se for para ter qualquer valor terapêutico. Na psicanálise, assim como na análise de grupo, a concordância mútua na interpretação é crítica e muitas vezes a razão pela qual as terapias terminam abruptamente. A sociometria força os membros do grupo a lidar com a realidade de suas escolhas, quaisquer que sejam.*

*Os estudos sociométricos demonstraram que o* status *de um indivíduo no grupo pode ter menos relação com a personalidade do que com o grau de aceitação e respeito mútuos. É a mutualidade de escolhas positivas que contribui para a coesão grupal e a eficiência do grupo. Isso é mais bem construído quando se permite que as pessoas expressem e ajam de acordo com suas escolhas.*

*A sociometria é um conceito "guarda-chuva", que lida com a essência do encontro humano numa rica variedade de papéis e de contrapapéis.*

DAG: No palco psicodramático, estamos lidando com a vida do protagonista, com a percepção que ele tem do mundo interior e exterior. Ao trabalhar com seu átomo social, estamos olhando para ambos os mundos.

O átomo social do protagonista é sempre percebido a partir desse ponto de vista, sendo, portanto, subjetivo e unilateral. A sociometria, pelo contrário, lida com escolhas mútuas dentro de um grupo e é pelo menos bilateral. Como você definiria a sociometria?

ZERKA: A sociometria lida com as relações humanas em termos de interações de papéis com os outros significativos no nível privado, profissional e da comunidade. Uma das idéias de Moreno era que existiria um excesso de pressão sobre as pessoas no sentido de ter relacionamentos que não são mutuamente produtivos, que faríamos melhor se permitíssemos que as pessoas fizessem suas escolhas, mesmo que isso significasse que as escolhas poderiam ser mudadas. Quando as escolhas mudam, é porque nossas interações de papéis mudam. Deveria haver suficiente flexibilidade no sistema construído para que isso fosse permitido.

Fazemos escolhas inadequadas para parceiros de casamento, um dos focos centrais em nossas vidas, ou para companheiros, ou amantes. Na infância, não temos permissão para praticar suficientemente as escolhas, e se não se permitir que uma criança ou pessoa pratique o que ela precisa praticar elas perdem essa capacidade. Um educador chamado Makarenko, que trabalhou com órfãos remanescentes das convulsões da revolução russa, afirmou: "Se você quiser que uma criança seja corajosa, coloque-a em situações em que possa praticar a coragem". Talvez o que a psicologia e a psiquiatria tendam a deixar de lado seja algum conhecimento básico com que os pedagogos possam contribuir sobre os aspectos de desenvolvimento do ser humano. Moreno era também um excelente pedagogo, conforme testemunhas de seus grupos de teatro de improviso constituído pelas crianças nos jardins de Viena, quando ele era ainda um estudante de filosofia.

Nós influenciamos os militares durante a Segunda Guerra Mundial. Isso é descrito em nosso volume *Psicoterapia de grupo: um simpósio*, publicado em 1945 e, incidentalmente, o primeiro livro a portar esse título. Os ingleses descobriram que, quando a guerra se iniciou, não havia oficiais em número suficiente para o exército convocado. A Inglaterra tinha um exército voluntário cujos oficiais se originavam principalmente dos estratos superiores da sociedade ou era uma função hereditária. Os militares tinham duas maneiras de selecionar homens para a escola de candidatos a oficiais: uma era a seleção de homens nas fileiras, feita por uma equipe de oficiais mais graduados, entre os que esses achassem mais adequados para se tornar oficiais. A outra foi influenciada pela idéia de Moreno de que os colegas deviam escolher entre seus amigos; então, deixaram que isso também ocorresse. Isso quer dizer que havia dois grupos: *o dos escolhidos pelos superiores* e *o dos escolhidos pelos colegas*. Eles os observaram para ver como se sairiam nas batalhas. O que constataram? Os que haviam sido escolhidos pelos colegas tiveram desempenho muito melhor em termos do reconhecimento de sua liderança pelas tropas, de sua capacidade de coordenação e de seu índice de sobrevivência; todos esses fatores eram superiores aos que haviam sido escolhidos pelos oficiais mais graduados. Aqui você tem uma perfeita confirmação das idéias de Moreno sobre a construção de uma boa coesão grupal: dar às pessoas a liberdade de escolha (Moreno, 1945: 205-17).

DAG: A escolha, então, seria uma questão crucial para a filosofia sociométrica e psicodramática?

ZERKA: Compartilhar tempo e espaço com outros seres humanos são categorias dinâmicas do viver. Não podemos escapar disso.

Alguns de nós têm vivido em famílias às quais não queríamos pertencer, dividindo nosso tempo e espaço com eles. Outros acreditam que fazemos esta escolha antes de nascer. Por vezes, podemos pensar que fizemos uma má escolha, a tarefa de aprendizado é tão difícil! É por isso que temos tanta terapia, para enfrentar as escolhas difíceis. Para outros, trata-se de uma escolha muito produtiva, aprendendo o que eles precisam aprender para sua alma.

DAG: Qual o significado exato da palavra "sociometria"?

ZERKA: A medida das relações humanas. Essa é a maneira mais simples de colocá-lo. *Socius* é uma palavra latina, e *métron* tem origem grega. *Socius* quer dizer "companheiro de jornada", e aí você já tem: quem é o seu companheiro de jornada? É alguém com quem você faz alguma coisa em comum. *Métron* significa "medir". Na sociometria, medimos o contato e a interação humana.

DAG: A palavra latina *societas* tinha um significado muito claro e distinto, e designava uma formação em que as pessoas se agregavam para certos fins, como, para fazer uma conspiração e derrubar um rei, ou para cometer um crime. A American Society of Group Psychotherapy and Psychodrama — ASGPP [Sociedade Americana de Psicoterapia de Grupo e Psicodrama] seria uma *societas*, na qual as pessoas se reúnem sob o critério comum de seu interesse no psicodrama e na psicoterapia de grupo.

A sociometria lida com a mutualidade de escolhas dentro da organização. Então, pode-se dizer que qualquer sociedade tem um critério, na medida em que seu tema e a sociometria lidam com a forma pela qual as pessoas se escolhem umas às outras segundo um critério específico. *A sociometria é orientada para a ação, centrada numa atividade comum a ser executada pelos membros do grupo.*

ZERKA: Ela pretende mudar o mundo, mudar, melhorar e enriquecer as interações humanas, em todos os níveis, quaisquer que sejam.

DAG: Creio que é importante assinalar que a sociometria, assim como a sociedade, tem a ação como seu objetivo: após atingir e completar esse objetivo, surge a próxima ação. É como um círculo: o encerramento de uma ação, e o início de uma nova.

ZERKA: Temos o surgimento de certo objetivo na ação, sua realização, produtividade e encerramento. Poderemos ter um declínio, uma morte, se ela não for mais funcional.

DAG: Poderíamos então dizer que a sociometria lida com o grupo e o mundo exterior?

ZERKA: Sim. Isso está expresso nas palavras "o companheiro de jornada".

DAG: Quando Moreno efetivamente realizou sua primeira pesquisa em sociometria?

ZERKA: Na Escola para Meninas, em Hudson. Mas ele também realizou sua pesquisa em várias outras escolas, então, cronologicamente, não fica claro se o trabalho em Hudson veio em primeiro lugar, ou se alguma outra pesquisa, em outro lugar, foi realizada ao mesmo tempo. Historicamente falando, ela foi realizada logo após seu trabalho na Prisão de Sing Sing em 1931. Ele foi nomeado Diretor de Pesquisas em Hudson, Nova York, em 1932. Ainda no início dos anos 30, ele também foi autorizado a entrar em vários outros sistemas escolares e aplicar a sociometria em classes a partir do jardim-da-infância.

Em Sing Sing, ele começou pelo que chamava de "técnica de escolha". Lá, como pesquisador, ele teve a oportunidade de conhecer os prisioneiros, agrupá-los em celas de forma a torná-los compatíveis e terapêuticos uns com os outros, a fim de transformar a situação numa comunidade terapêutica. A idéia subjacente era que, enquanto estivessem na prisão, eles aprenderiam e receberiam algo uns dos outros, não sendo meramente punidos, mas aprendendo algo sobre ser gente. Esse aprendizado também poderia ser usado por eles quando saíssem do meio confinado da prisão e tivessem a possibilidade de crescer. Trata-se de uma visão muito liberal, é claro: reeducação moral.

Moreno preocupava-se com que as crianças tivessem a permissão para fazer escolhas, e ele observava quão bem elas conseguiam fazê-lo. Por exemplo, ao estudar crianças de jardim-da-infância, o que descobriu? Suas escolhas são feitas muito ao acaso, seu senso de mutualidade ainda não é muito refinado, ele se desenvolve com a idade. É por isso que você vê tantas escolhas unidirecionais no sociograma dessa faixa etária, muito pouca reciprocidade. *O que é importante é a mutualidade*, a escolha mútua para a mesma interação, ao mesmo tempo. Você me escolheu para escrevermos juntos este livro, eu o escolhi para fazermos juntos este livro; eu não poderia tê-lo feito com ninguém mais dessa maneira, você não poderia tê-lo feito com ninguém mais. *Isso é profunda mutualidade*. As coisas nem sempre funcionam dessa forma exclusiva. Dizem que Gilbert e Sullivan, que escreveram juntos tantas operetas graciosas, não se suportavam, mas só com relação a esse critério de "produzir uma peça de drama leve musicada" eles eram capazes de ser cooperativos um com o outro. Aparentemente, quando encerraram a parceria, nenhum dos dois conseguiu ser tão produtivo sozinho quanto na época em que estavam juntos.

Outro exemplo de reconhecimento de interações positivas de papéis foi o do meu filho Jonathan que, com três anos, me apresentou vários colegas da escola maternal. "Aquele ali é bom para a gente brincar de blocos, aquele brinca de bombeiro comigo, aquele é bom para colorir desenhos com a gente" etc. — um conjunto de diagramas de papéis em ação. Creio que a experiência precoce de Jonathan com o psicodrama ajudou nesse tipo de percepção.

Na história de Gilbert e Sullivan, encontramos uma forma muito especial de interação de papéis; na história de Jonathan encontramos uma consciência bastante madura de interação de papéis numa criança pequena. Há também pessoas que fazem escolhas em bases diferentes. Por exemplo, um marido que escolhe sua mulher de forma absoluta e é fiel a ela, mas ele não é suficiente para a esposa: ela necessita de outras companhias, um pai ou amante; então, mesmo no nível da capacidade de escolha e da manutenção da lealdade a essa escolha, variamos enormemente.

À medida que as crianças amadurecem, nota-se um aumento no número de escolhas retribuídas simultaneamente, no mesmo lugar, e com base no mesmo critério, e isso é crucial na sociometria.

DAG: Um sociograma é sempre feito aqui e agora. Ele é orientado para o futuro, na medida em que inicia ações futuras.

ZERKA: Você só consegue examinar o passado a partir da sua própria percepção, porque geralmente os outros significativos da situação passada não estão presentes. Mas, mesmo que estivessem, a percepção subjetiva deles sobre aquele passado poderia ser diferente da sua. Lembro-me de uma cena com minha mãe, anos atrás. Eu havia começado a escrever algumas das memórias juvenis que eu tinha da nossa família. Sem o meu conhecimento, ela apanhou meus papéis, leu-os e me disse: "Eu não me reconheço aqui". Minha resposta foi: "Tudo bem, mamãe, essas são as minhas memórias, não as suas. Escreva você as suas, a partir da sua perspectiva". Por outro lado, quando mostrei outro trecho para minha irmã, os olhos dela se encheram de lágrimas e ela murmurou: "É lindo e exatamente como aconteceu". Provavelmente quando apreciado do ponto de vista da mesma geração, embora numa ordem de nascimento diversa e de acordo com personalidades diferentes, há maior conformidade de percepção e experiência. Mas isso tudo depende da percepção subjetiva.

Com a ajuda da sociometria, podem-se examinar também certas escolhas que se queira fazer no futuro. Um exemplo claro disso ocorreu em Beacon, no final dos anos 40. Moreno havia admitido uma enfermeira-chefe afro-americana no sanatório. Ela demonstrou ser a melhor enfermeira psiquiátrica que havíamos tido. Algumas experiências com o cargo de enfermeira-chefe em nosso hospital haviam nos ensinado que certas posições hierárquicas tendem a isolar a pessoa que ocupa aquela posição, não importa qual a sua personalidade. Pode-se observar o mesmo na administração de negócios e, a menos que a pessoa consiga estabelecer uma relação mútua sólida na organização, essa posição fica extremamente difícil.

Naquele verão, recebemos a matrícula de um estudante japonês. Como parte do treinamento, realizamos um teste sociométrico com o seguinte critério: "Com quem você gostaria de passar uma noite de folga enquanto estiver aqui?". Tanto a enfermeira quanto o estudante se escolheram mutuamente; eles não fizeram nenhuma outra escolha. Quando o estudante terminou o estágio conosco e foi-se embora, Moreno pegou o sociograma. Ele balançou a cabeça e pareceu preocupado. Então, confidenciou a mim: "A srta. B é uma excelente enfermeira-chefe, a equipe inteira gosta dela. Não tem havido problemas com ela, e ela é ótima com os pacientes. Mas eu prevejo que, uma vez que o nosso estudante japonês foi embora, nós vamos perder a srta. B em poucas semanas. Veja aqui, ela perdeu sua única escolha". Ele estava absolutamente certo: a srta. B pediu as contas duas semanas mais tarde. Moreno descreveu esse tipo de ligação interpessoal como de tipo exclusivo, uma "aristo-tele". Ele definiu como "aristo-tele" uma pessoa de alto nível hierárquico que faz uma escolha mútua exclusiva com um líder sociométrico. A palavra *aristo* vem do grego e significa "melhor". A aristocracia refere-se a uma classe de pessoas que têm uma posição e privilégios especiais.

DAG: Um critério é sempre uma pré-condição para uma escolha sociométrica?

ZERKA: Sim, o critério é o limite para o papel, e vice-versa. As interações de papéis pertencem a diferentes critérios. Afinal, assim como temos múltiplos desempenhos de papel, somos também portadores de critérios múltiplos; é isso que não percebemos. Uma das maiores dificuldades relacionadas com a monogamia é que somos pessoas de critérios múltiplos, e, se eu escolher um parceiro que não tenha um repertório de papéis que corresponda ao meu repertório, estarei em sérios apuros. Então, mesmo pressupondo que aquela pessoa tenha o papel, se eu não desempenhá-lo da forma que o meu parceiro necessita, e ele não o desempenhar da forma que eu necessito, o mero fato de termos o mesmo papel não basta. Precisamos ser capazes de desempenhar de forma mutuamente harmoniosa para sermos produtivos, caso contrário, a situação se torna contraproducente. Acredito que seja a razão de tantos casamentos falharem.

Antes de você se casar ou escolher um parceiro, ou ir morar com alguém, você tinha oito, nove ou dez amigos, cada um preenchendo uma diferente interação de papel, e um critério distinto. Agora, de alguma forma, a sociedade diz: "Você não pode mais fazer isso. Você escolheu essa pessoa para morar com ela, e agora essa pessoa tem de preencher todos os seus critérios". Isso não funciona. Por que nossos casamentos acabam? Creio que porque a monogamia é sociometricamente contra-indicada. Penso que não é assim para as massas, mas é para uma pequena *aristocracia*, para pessoas que podem manter essa relação exclusiva ao longo do tempo. Sinto uma grande admiração por quem consegue fazê-lo. Poucos de nós o conseguem. Em vez disso, fazemos um segundo, terceiro casamento; as pessoas continuam tentando, esperando que desta vez funcione; às vezes, isso ocorre quando os parceiros já aprenderam a conviver com outra pessoa e a tele entrou na relação.

DAG: Então, o que vemos na sociometria é que as pessoas se deslocam ao longo da estrada da vida em diferentes átomos sociais, e ocorre que não compartilham todos esses átomos com todo o mundo. Nosso sonho é que, num casamento, compartilhemos todos os nossos átomos sociais com o parceiro da nossa vida. Mas muitas vezes, após havermos sentido atração pelo outro no início, sexualmente e de outras formas, a atração entre o marido e a mulher se desfaz. Então, os parceiros talvez comecem a circular, à procura de novos átomos sociais, e desenvolvam diferentes papéis com seus novos parceiros.

Por que você acha que as pessoas temem tanto a sociometria?

ZERKA: Porque ela cria uma revolução socioatômica. Quando uma criança ou alguém morre na sua vida, apenas no curso natural das coisas, isso é uma revolução. Pedir às pessoas que revelem suas reais preferências pode criar uma revolução nas relações existentes. A sociometria também pode ser um golpe de misericórdia numa relação estabelecida.

As pessoas nos grupos têm medo de ser rejeitadas. Em nosso mundo, ser rejeitado é uma das piores coisas que nos pode acontecer. Moreno perguntaria: "Será que é com a própria rejeição que você está preocupado, ou com a pessoa que rejeita você? Quem o está rejeitando? Falando objetivamente, você realmente queria ser escolhido por essa pessoa? É alguém que você quer, ou você está simplesmente reagindo à rejeição? A rejeição é tão pejorativa; ela tem uma conotação negativa na nossa cultura. Mas pense: O que teria acontecido a Jesus Cristo caso ele não tivesse sido rejeitado? Ele não poderia ter vivido o seu papel". Ele nos ensinou a separar a rejeição do ser da pessoa que rejeita e, mesmo que você se sinta ferido pela rejeição da pessoa, a olhar esse ferimento objetivamente; afinal, nem todos têm de nos amar ou desejar. Depende do quão importante aquela pessoa é para nós. A rejeição também pode tornar-se uma nova forma de olharmos para nós mesmos e para a forma pela qual construímos nossas relações.

Nosso medo de rejeição é uma ferida de nossa infância e das rejeições então sofridas, que ainda não cicatrizaram. Precisamos curá-las e sermos mais objetivos com relação às nossas escolhas, sejam elas mutuamente positivas, negativas, ou incongruentes, isso é, positiva *versus* negativa. Se você desejar alguém e esse alguém rejeitá-lo com relação a um critério específico, isso é doloroso; mas ele pode aceitá-lo de acordo com outro critério. A rejeição raramente é total; há pessoas censuráveis que rejeitamos; todavia, quando as vemos sofrendo em cena, no psicodrama, essa rejeição pode mudar tornando-se neutra ou mesmo positiva.

*Conforme mencionado anteriormente, a sociometria é dirigida às atividades da vida cotidiana. As escolhas que aí fazemos estão relacionadas com outros seres humanos, no aqui-e-agora. Um sociograma torna visíveis essas escolhas de atração e rejeição dentro de um grupo. Ele mostra a hierarquia, desde a estrela mais escolhida até os sociometricamente isolados. O sociograma retrata o resultado das escolhas baseado em critérios relevantes. Por exemplo: "Com quem você gostaria de fazer a sua lição de casa?" seria um critério adequado ao contexto de uma escola, assim como "Com quem você quer trabalhar nesse experimento científico?" O motivo relacionado com o primeiro critério poderia ser "X é bom em matemática e pode me ajudar nisso", e para o segundo: "Pensamos de modo diferente sobre muitas coisas, e isso estimula nosso questionamento crítico". Um motivo patológico para qualquer um dos dois seria, por exemplo: "Eu o escolhi porque tenho atração sexual por ele". O sociograma revela sentimentos e pensamentos subjetivos, a motivação para a escolha assinala conflitos e discordância subjacentes, que o grupo precisa trabalhar para funcionar melhor.*

*É importante aqui a referência à filósofa alemã Hannah Arendt (1906-1975). Ela afirma que todas as atividades humanas ocorrem dentro de dois espaços: o "público" e o "privado". A palavra "público" significa que tudo o que aparece para a comunidade é visível e audível a todos, recebendo portanto a maior publicidade possível e tornando-se realidade. Isso se dá em oposição ao mundo privado, onde se está privado da realidade criada pelo ser visto e ouvido, privado de uma relação objetiva com os outros. Ao mundo privado pertencem todas as atividades que não são vistas e ouvidas pelos outros, tais como sonhos, pensamentos, paixões e fantasias.*

*Podemos vivenciar a transformação entre o privado e o público quando tentamos narrar um sonho, uma paixão ou uma esperança para alguém. Aí, o sonho ou paixão é "desprivatizado", ou "desindividualizado"; você não o guarda mais apenas para si. Isso significa que a ação desempenhada em certo papel será vista, ouvida e julgada por outros. Algumas pessoas podem gostar disso, enquanto outras se ressentiriam exatamente das mesmas ações. No entanto, em algum lugar entre a sua própria percepção e a do outro, o sentimento de tornar-se real adquire vida. Na qualidade de psicoterapeutas de grupo, é comum lidar com a diferença entre a autopercepção e a percepção dos outros; a maneira pela qual você se expressa e se entende* não *se encaixa necessariamente com o que os outros vêem e ouvem. Uma pessoa pode ter certa intenção ao realizar uma ação que seja entendida ou interpretada de forma totalmente errônea por outras, o que muda o seu impacto. Nem sempre, portanto, é possível predizer o resultado de uma ação.*

*De acordo com Hannah Arendt, a palavra "público" também tem outro significado, a saber: o próprio mundo, na medida em que se refere ao que temos em comum com os outros, que difere daquilo a que nos referimos como "possuído de forma privada". Seu conceito de "mundo" é a criação humana (enquanto oposto à Terra e à natureza como um todo) assim como todos os envolvimentos e preocupações entre os seres humanos que aparecem no mundo criado. Viver juntos neste mundo signi-*

*fica que há um mundo de "coisas" entre seus habitantes, assim como uma mesa fica entre aqueles sentados à sua volta. Tudo o que está "entre" neste mundo simultaneamente conecta e separa os que o compartilham.*

*Os grupos sociométricos só podem ser formados no espaço público. Pode-se no entanto questionar se uma família é um grupo sociométrico ou não, na medida em que "sociométrico" em geral implica a liberdade de escolha. Como mencionamos anteriormente, um dos conceitos básicos na filosofia moreniana é o fenômeno da tele. Tele, no sentido literal da palavra, significa "distância". Mas Moreno a usa como um termo para designar algo que cria e une os grupos.*

> *As inumeráveis variedades de atrações, repulsas e indiferenças entre os indivíduos necessitam de um denominador comum. Um sentimento é dirigido de um indivíduo em direção a outro. Ele tem de ser transportado através da distância. Assim como usamos as palavras teleperceptor, telefone, telencéfalo, televisão etc., para expressar a ação a distância, também para expressar a unidade mais simples de* sentimento transmitido de um indivíduo para outro *usamos o termo tele, "distante".*
>
> (J. L. Moreno, 1953: 313-4, 1993: 158-9)

*Moreno considerou a tele como o fator responsável pela formação de grupos e a tele é definitivamente relacionada com o repertório de papéis que uma pessoa tem na vida. Isso significa que uma pessoa incorpora muitos papéis, até mesmo alguns que podem se contradizer entre si. Já nos referimos anteriormente a isso quando explicamos o termo "autotele". Os papéis são orientados para a ação e conectam-se a papéis dos outros. Eles são atuados em nossas vidas e atividades cotidianas com esses outros. Hannah Arendt também se preocupava com as ações de nossas vidas cotidianas. Ela era uma filósofa orientada para a ação, assim como Moreno.*

*A tele está diretamente relacionada com a sociometria. As pessoas derivam um sentimento de substância no mundo ao ter suas ações vistas e refletidas pelos demais. A tele é a referência do ser humano no mundo. Sem ela, seríamos como os animais, dirigidos apenas por instintos.*

ZERKA: Na vida, necessitamos aprender a ficar a distância e olhar para os nossos relacionamentos da mesma forma que aprendemos a olhar para nós mesmos no espelho, mesmo que nem sempre gostemos do que estamos vendo. Quando você é criança e está aprendendo a pentear o cabelo, aquele idiota que você vê no espelho no começo não sabe fazê-lo direito. À medida que cresce e se vê no espelho, você se pergunta: "É assim que eu apareço para os outros? O que eles vêem? O que necessito para me fazer mais belo, ou para ser admirado, ou amado?".

É assim que deveríamos olhar para os nossos relacionamentos. Como é que eu vou ao encontro das outras pessoas? Se eu desejo essa relação, se ela vale o meu investimento, como faço para consegui-la? O que preciso mudar para obtê-la? A "Geração do Eu"[1] parece não compreendê-lo. Essa egocêntrica característica do tipo "Eu" por tudo quanto é canto não ajuda muito a construir relações humanas. Não estou sugerindo que nos devamos perder numa relação, estou sugerindo que cresçamos dentro dela.

DAG: Para a criança que se vê num espelho, este não muda o caráter da ação, mas a reflete a partir da perspectiva oposta. Ela penteia o cabelo com a mão direita, enquanto a imagem do espelho faz o mesmo com a mão esquerda. Poder-se-ia dizer que, numa relação de tele, quando alguém está refletido em outra pessoa, essa pessoa envia de volta o reflexo dele(a) completo com o conteúdo humano dele(a).

ZERKA: À medida que a criança vai ficando mais velha, ela começa a se perguntar: "Por que eles gostam de mim? O que eles vêem em mim?". Ou o inverso, também, é claro: "Por que eles não gostam de mim? O que eles vêem em mim que faz com que eu não seja apreciado por eles?". Se somos seres pensantes, começamos a olhar para essas coisas e a nos questionar. Não estou falando sobre as pessoas que flanam pela vida como borboletas. Estou me referindo à maioria de nós que têm algumas preocupações reais sobre como abordamos o resto do

1. *Me Generation*, no original. (N. da T.)

mundo. Porque nossas famílias não oferecem, em sua maioria, uma criação satisfatória, somos sensíveis a isso.

DAG: Você consegue se lembrar de uma pessoa que você achou absolutamente encantadora e adorável, enquanto outras pessoas diziam que ela era horrível?

ZERKA: Embora seja uma experiência comum tanto para meninos como meninas quando elas trazem para casa um amigo de quem os pais não gostam, não me lembro de isso ter acontecido comigo. Eu vivenciei o contrário. Meus pais me criaram junto com alguém que eles achavam que seria maravilhosa para mim, e, no entanto, foi muito doloroso. Era uma menininha que foi trazida para o meu convívio. Disseram que ela era um amor. O que eles não sabiam é que essa criança andava tendo pesadelos. Passamos um par de noites no mesmo quarto, e ela gritou a noite inteira que estava vendo demônios. Era uma criança totalmente neurótica. De dia ela se comportava muito bem, então, hoje eu penso que ela deve ter sido completamente reprimida pelos pais. Naquela época, o bom comportamento queria dizer que você era uma criança boa e calma, e presumia-se que também fosse feliz. Hoje, sabemos que isso não é necessariamente verdadeiro. Todo tipo de coisas se esconde por detrás daquele bom comportamento, e era o que aparecia nos sonhos dessa criança à noite.

Creio que isso tem relação com a percepção subjetiva. Certas pessoas já me disseram que sou intimidante. Eu não me acho intimidante. Meu filho me disse o seguinte quando começou a namorar: "Você tem noção do quanto você é intimidante para as minhas namoradas?". Respondi: "Eu não". "Bem", disse ele, "você é. Você é poderosa. Você as intimida." Eu não acho que eu seja assim tão poderosa, mas isso é porque eu conheço minha própria vulnerabilidade, que talvez os outros não consigam ver ou notam; eles não a percebem. É útil lembrar que mesmo aquelas pessoas ditas fortes têm seu calcanhar de Aquiles.

DAG: Fale um pouco mais sobre isso. O que aconteceu a você no momento em que ele disse aquilo?

ZERKA: Bem, perguntei a mim mesma: "O que há de errado que eu não consigo ver isso em mim? Se eu não consigo ver e mim, então as outras pessoas também podem não ver nelas mesmas". Não conhecemos nossa força; não sabemos como afetamos as outras pessoas. Obviamente, o inverso também é verdadeiro, não temos uma noção muito completa de nossas fraquezas. É por isso que precisamos da inversão de papéis.

DAG: Você acha que o seu filho tinha razão?

ZERKA: Sim, acho que se as namoradas dele me viam daquela forma ele tem razão. Quero dizer, não acho que a gente minta um ao outro. As meninas devem ter dito isso a ele. Foi então que me dei conta de que eu havia me tornado poderosa. Havia certo poder em mim mesma quando eu ainda era uma criança pequena. Minha mãe pode ter se referido a algo assim quando uma vez disse para mim: "Você é tão diferente dos meus outros filhos!". Em princípio, isso é uma bobagem. Todas as crianças são diferentes. Mas o que ela estava dizendo era (ela não era tão analítica quanto eu): "Vejo algo em você que é diferente dos outros". Possivelmente ela estava se referindo à minha força. Lembro-me que uma vez, num baile na escola quando eu tinha 14 anos, enquanto eu esperava meus irmãos, fiz uma observação sobre eles que só os holandeses apreciariam, porque se trata de um trocadilho. Em holandês, meu trocadilho era: *Waar zein mijn gebroeders*? A sentença deveria ter sido *Waar zein mijn broeders*? ("Onde estão meus irmãos?"). Ao acrescentar o *ge* diante de *broeders*, transformei meus irmãos numa entidade corporativa. Um rapaz mais velho de uma classe mais adiantada, que eu não conhecia, observou: "Que criança original!". Então, comecei a perceber que as outras pessoas me consideravam original. O que isso queria dizer, senão que eu era diferente? É verdade que eu me sentia muito diferente dos meus irmãos e irmãs, mas nunca perguntei a nenhum deles se eles se sentiam de modo diferente. Não era o tipo de coisa sobre a qual se conversava com os parentes naqueles tempos. Fazemos essas perguntas quando somos amadurecidos e temos tal tipo de conexão: "Alguma vez você se sentiu diferente de todas as outras pessoas?". No entanto, agora eu presumo que, na verdade, eles se sentiam, porque todos nós levamos vidas muito diferentes.

DAG: Você está mencionando um ponto interessante da sociometria, porque algumas pessoas se sentem um pouco diferentes, exóticas. Eu compartilho isso também.

ZERKA: Você usou a palavra "exótica". Meu marido observou que sempre que recebíamos grupos em Beacon, e ele aplicava a sociometria com eles, eu ficava com os "exóticos"; eu não tinha noção disso até que ele chamou a minha atenção. Mas os exóticos costumam se escolher. Eles parecem se espelhar nisso.

DAG: Então, o que estamos dizendo é que você é vista de uma forma diferente pelos seus alunos, pelo seu filho e as namoradas dele e pelos seus netos; que você é vista de várias formas e isso fornece a você certo espectro.

O que eu acho interessante na sociometria é que os grupos vêm juntos e são essencialmente dirigidos para um objetivo, qualquer que ele seja. Ter uma tarefa ou objetivos força os participantes a escolher com quem desejam interagir, e deixa-os ver quem quer interagir com eles. Trata-se de uma profunda experiência para que você se oriente no aqui-e-agora no mundo — de quem você quer ou não quer ser companheiro.

O que tenho percebido no psicodrama é que as pessoas sentem: "Eu não sou visto". Você diria que ser visto julgado e olhado pelos outros cria o sentimento de ser real? Isso também valeria para o psicótico?

ZERKA: Você não precisa nem ser psicótico. Tenho vários alunos que dizem: "Eu nunca fui ouvido na minha família". É nessas situações que o psicodrama familiar é tão importante. Havia um ditado que dizia: "As crianças devem ser vistas, mas não ouvidas". Na verdade, com essa filosofia as crianças também não são vistas adequadamente. É importante que as crianças sejam ouvidas e vistas pelo que são, e não pelo que seus pais desejam ver ou querem que elas sejam. Aqui está um poema que eu escrevi sobre isso em *Canções de amor à vida*. Ele se chama "O Direito de Ser Eu Mesmo".

Eu sou
Não você
Nem ele
Nem ela.
Eu sou Eu mesmo.

Não sou baixo
Nem alto
Nem grande
Nem pequeno.
Eu sou Eu mesmo.

Não sou bom
Nem mau
Nem alegre
Nem triste.
Eu sou Eu mesmo.

Oh, deixe-me Ser!

Você não sabe?
Não consegue ver?
Antes de tudo
Eu sou Eu mesmo.
(Z. Moreno, 1971)

ZERKA: Então, temos de trabalhar na educação dos pais. Primeiro, eles têm de arrumar a sua própria bagunça relativa à família de origem, parar de levar esse material para o casamento deles. Mas também precisam estar mais bem preparados para enxergar os filhos como eles realmente são, seres únicos. Kahlil Gibran falou sobre isso de forma tocante em *O profeta*:

Seus filhos não são seus filhos.
Eles são filhos e filhas do desejo da Vida por si mesma.
Eles vêm através de você, mas não de você,
E, embora estejam com você, não pertencem a você.
(Gibran, 1923)

No meu modo de ver, nos Estados Unidos há um verdadeiro movimento no sistema escolar em prol de ajudar os pais a ver seus filhos como os indivíduos que são, e não pelo que eles querem forçá-los a ser. Os filhos precisam de orientação acompanhada de amor, cuidado e proteção. Os pais precisam aprender o papel deles. Muitos de nós não tivemos modelos muito satisfatórios de papéis e aprendemos à medida que caminhamos, às vezes ao acaso. Muito disso tem origem na família. Se você não é visto nem ouvido na sua família de origem, sai lá fora para ser visto e ouvido. Por que você acha que os jovens formam gangues? Na gangue, eles se tornam pessoas em interação com outras pessoas, infelizmente muitas vezes no limite da violência. Daí, os pais perguntam: "Por que você anda por aí com esses maus elementos?". Evidentemente, porque eles não estão enraizados em suas famílias.

DAG: Eles não são vistos nem ouvidos em casa. Para serem vistos e ouvidos, Moreno criou um sentido de realidade por meio do psicodrama e da sociometria.

ZERKA: Essa era a intenção dele.

DAG: Ele também afirmava que a razão pela qual o psicodrama, assim como a psicoterapia de grupo, podia ajudar os psicóticos era porque quando o paciente atua seus delírios no palco o mundo delirante se torna real.

ZERKA: Sim. Moreno não apenas aceitava o mundo delirante, ele o amava e o tornava real.

DAG: Então aquele mundo era visto e ouvido pelos outros.

ZERKA: Exatamente, e respeitado pelo que era.

DAG: Você se lembra de algum compartilhamento após um psicótico haver trabalhado no palco?

ZERKA: O compartilhamento ocorria todo na ação. Quando você compartilhava na condição de ego-auxiliar, você não o fazia da forma como fazemos agora, porque isso já demandava uma distância do *self* por parte do paciente. O único compartilhamento na seqüência era a discussão com Moreno após a sessão: o que havia acontecido, como ele havia diagnosticado e abordado o paciente, por que, e se ele havia atingido o que desejava; em outras palavras, como tinha sido para ele, como ele havia se relacionado com o paciente, e qual o efeito daquela interação. Falávamos sobre o tipo de progresso que o paciente havia feito, mas não o fazíamos na sua presença. Isso teria rompido a realidade suplementar. Ele não permitia que a realidade objetiva entrasse no processo até sentir que o paciente estava suficientemente fortalecido para aceitá-la. O que era realidade para o paciente era para nós a *realidade suplementar*. Moreno jogava com isso.

Tínhamos um paciente que se apresentava como o Salvador, sua criação de Jesus Cristo. Ele ficava nu no alto da colina e proferia os Sermões da Montanha; não havia ninguém lá, mas, para ele, havia uma multidão presente. Na propriedade vizinha, por coincidência, havia um noviciado onde jovens noviças vinham se testar e refletir antes de se tornar freiras. Um dia, a Madre Superiora telefonou para o meu marido e disse que havia um jovem nu no alto da colina em nossa propriedade. "Será que o sr. poderia providenciar para que ele se vestisse? Estamos aqui com essas jovens de 17, 18 anos." "Claro", disse ele, "como não? Vou ver o que posso fazer." Ele então saiu e subiu a colina. Eu o acompanhei. Ele se aproximou do paciente e disse: "Olha, Jesus, é maravilhoso o que o sr. está fazendo. Adoramos ouvir o seu discurso. Mas hoje está meio frio aqui fora. O sr. se importaria de entrar e vestir suas cuecas?". O paciente lhe obedeceu sem problemas, e fez o que ele pedia. Ele não havia sido desrespeitado, o papel era real: aqui ele podia ser Jesus. Se o paciente o houvesse questionado, por exemplo, e perguntasse por que ele deveria fazê-lo, Moreno poderia ter respondido: "Nenhuma das Suas pinturas mostra o sr. nu". Teça a realidade no outro mundo do psicodrama, onde ela pode ser útil. Falando a partir da perspectiva do outro, perguntei a Moreno: "Você falou para a Abadessa quem era ele?". Ele respondeu: "Não creio que ela apreciasse". Mas você vê o que quero dizer? Ele manteve o contexto dentro do qual esse paciente estava funcionando, e não o destruiu. Ele não disse ao paciente: "Sabemos quem você é, e isso é ridículo". Ele não o faria. Ele não disse a ele: "Essa senhora, nossa vizinha, quer que você se vista porque lá há jovens".

DAG: Mas ele sutilmente teceu usando esse aspecto também.

ZERKA: Sim, o fato é que há uma realidade lá fora, também: "Hoje está frio."

DAG: Isso é mesmo lindo. Acho que a sociometria tem sido negligenciada porque as pessoas têm medo de que a sua própria realidade seja descartada. Quando recordamos nossas memórias infantis, sentimos que havia uma motivação interior para uma escolha, falando em termos sociométricos. Aquela motivação interior não é respeitada. No mundo imaginário, às vezes escolhemos ou rejeitamos alguém porque aquela pessoa nos lembra a nossa mãe, por exemplo, ou "Eu não gosto de homens ou mulheres muito altos", porque os relacionamos com nosso passado, não tem que ver com o aqui-e-agora.

ZERKA: Correto. Em outras formas de psicoterapia, os psicoterapeutas apontam isso ao cliente. Esse tipo de percepção não é tão útil quanto corrigir o passado consertando-o primeiro, como por meio do psicodrama. Fica mais fácil para o protagonista descartar antiga negligência do que carregá-la para o presente.

Como eu disse antes: *a afirmação precede a negação.* Não podemos abrir mão daquilo que não tivemos anteriormente. Se você jamais foi visto ou ouvido, você pode se tornar esquizofrênico ou, no mínimo, perturbado. Você fala consigo mesmo porque é a única pessoa a se ouvir, que presta atenção em você mesmo, que vivencia você mesmo; ou, então, você cria amigos imaginários. Você pode ter razão com relação à técnica de voltar à infância na psicoterapia e no psicodrama; eu não acho que todo o psicodrama tem de ser uma volta ao passado. Mas quando ouço uma pessoa dizer: "Minha mulher nunca me ouve; isso é exatamente o que acontecia na minha família, e me deixa furioso", nesse caso, voltamos a essa família de origem. Podemos consertar o passado, e o protagonista pode abrir mão dele, de forma que, pelo menos, não fique mais enfurecido e possa lidar com o presente adequadamente.

*Uma das características dos seres humanos é que suas ações são semelhantes e diferentes ao mesmo tempo. Nós nos revelamos por nossas ações. Nossa maneira de ser refere-se a características e dons de personalidade. Podemos ser, por exemplo, um cantor ou pintor inato, sem jamais haver subido ao palco, ou vendido uma única pintura. Uma pessoa pode ser muito talentosa, mas isso não significa que ela tenha alguma vez colocado em prática aquele papel. Moreno diz que a espontaneidade é a arma e a mão da criatividade. Quem somos nós será sempre a maneira como os outros nos vêem, enquanto o que somos permanecerá sempre privado. Na técnica junguiana, especificamente, a ênfase é colocada em "o que somos", e não em "quem somos". Na psico-*

*logia junguiana,* Persona *é a máscara que vestimos diante do mundo, por exemplo, o médico, o advogado. Há muito pouca singularidade ou individualidade na* Persona. *O indivíduo pode se esconder por detrás dessa máscara.*

*O trabalho junguiano é feito principalmente por meio da análise dos sonhos, ou do trabalho com o inconsciente, ou Sombra. Moreno trata de forma diferente a distinção entre o consciente e o inconsciente. Para ele, a ação é portadora da verdade em si, no encontro com as outras pessoas.*

> *Assim, a distinção entre consciente e inconsciente não tem lugar numa psicologia do ato criativo. Trata-se de* logificatio post festum. *Nós fazemos uso deste como se fosse uma ficção popular, apenas para mapear uma ciência de personagens do ato do improviso.*
>
> (J. L. Moreno, 1973: 42)

*Nossas ações realmente demonstram nossa singularidade. Então, em que medida podemos nos esconder por detrás de nossa Persona? Em vez disso, mostramos quem somos por meio de nosso comportamento visível. Somos rejeitados ou reassegurados por nossas interações com os outros.*

*Por exemplo, um menino que se comporta mal na escola, levando armas, ameaça a segurança, perturba a aula e é designado como "o mau caráter". É assim que ele é visto pelos outros e aprende a desempenhar o papel. Seu passado problemático, do qual fazem parte abuso e negligência, certamente nos poderia fazer entender seu comportamento. No entanto, seu passado só pode ser ouvido, ele não pode ser visto ou vivenciado pelo grupo em sua vida cotidiana lá fora. Apenas no psicodrama podemos fazer com que se torne visível e audível. A psicoterapia de grupo tanto enfatiza quanto ilumina nossas ações. Nesse processo, a mudança pode ocorrer. Em outras palavras, podemos apenas mudar na interação com outras pessoas no aqui-e-agora.*

ZERKA: Algo que é muito mal compreendido sobre a sociometria é que é permitido às pessoas fazer suas próprias escolhas, evidenciamos nosso respeito por elas. Não estamos lá para ser julgadores, mas para fazer um julgamento. Há uma diferença.

DAG: O julgamento estaria presente quando fazemos uma escolha ou quando uma pessoa diz: "Eu só quero ser eu mesmo?".

ZERKA: Sim, nos dois casos. Ao mesmo tempo, se você perguntar às pessoas: "Quem é esse eu mesmo?", elas não sabem, exceto quando começamos a explorar essa questão em termos de: "Vamos ver sua estrutura de papel. Vamos ver o seu átomo social; então, teremos alguma idéia sobre quem você é e como você pode se ver. Vamos descobrir como as outras pessoas se relacionam com esse ser nessa estrutura de papel, e nesse átomo social". Sim, não há dúvida de que o julgamento é necessário, mas se eu disser a você: "Eu só quero ser eu mesmo", você poderia me perguntar: "O que isso significa? O que é isso? Quem você pensa que é? Mostre-me".

DAG: Meus clientes ficariam extremamente ofendidos se eu perguntasse isso.

ZERKA: Eu pergunto: "Conte-me quem você é, conte-me o que você significa para você mesmo. Então eu poderei julgar se tenho a mesma percepção que você". Sinto dificuldade com as pessoas que me procuram; às vezes, são pessoas que eu pouco conheço, e elas me perguntam coisas que eu não sei responder. Lembro-me de um aluno de Moreno que havia se casado dois dias antes; ele veio nos apresentar sua mulher. Eles pernoitaram em nossa casa, e esse foi nosso único contato com essa jovem. Na manhã seguinte, ele veio me perguntar: "O que você acha da minha mulher?". Recusei-me a responder de forma direta. "Acabei de conhecê-la, tivemos apenas uma troca polida de poucas palavras, de forma que a sua pergunta não é justa. Mas quero perguntar-lhe: "O que você acha dela? Foi você quem a escolheu. Com base no que fez essa escolha? Eu, ao contrário, não a havia encontrado antes, então, essa é uma pergunta pouco realista. Eu não fiz essa escolha, foi você quem a fez. Você acha que a conhece, você a escolheu, então diga-me você o que acha da sua mulher".

A razão óbvia pela qual ele me fez aquela pergunta foi porque ele achava que havia cometido um engano, e, de fato, o casamento terminou pouco depois. "O que você acha da minha mulher ou do meu marido?" não faz sentido, mas ainda assim algumas pessoas entram no casamento dessa forma. Tudo bem que se tenha um "clique" espontâneo com outra pessoa, mas aí chega um momento em que um casal deveria dizer: "Agora, precisamos examinar a relação mais além desse "clique", para ver o que temos de mutuamente satisfatório entre nós". Aí, a estrutura de papel entra em cena.

DAG: Para você, qual a diferença entre o grupo sociométrico e a família?

ZERKA: A escolha. Na família, o próprio casal escolhe estar junto no início, embora a escolha possa estar baseada em falsas premissas e se desfazer no decorrer dos anos. As crianças dirão aos pais quando estiverem sendo castigadas: "Eu não pedi para nascer", o que, a propósito, não é verdadeiro do ponto de vista espiritual. Acho que elas escolheram, sim, nascer desses pais, mas elas acham o processo difícil demais. Então, dizem: "Eu não pedi para nascer. Vocês é que escolheram me ter". Pelo menos, é uma escolha nessa vida terrena, uma escolha para nossa alma ou espírito. Do ponto de vista sociométrico, sabemos que o amor não-correspondido e as escolhas não-mútuas são as mais dolorosas. Para uma criança que constata não ser amada da forma que merece, certamente seu nascimento é sentido como uma não-escolha. A família é, ou pelo menos era no início, um agrupamento biológico.

O agrupamento sociométrico é de uma ordem diferente de escolha. Numa família, a autoridade fica localizada nos pais e em determinada estrutura relacionada com o sexo, a idade, a cultura e a procriação. Nos grupos sociométricos, esses fatores não se aplicam da mesma forma. O grupo sociométrico é uma comunidade intencional. Por exemplo, um grupo sociométrico está sempre em estado de mudança. Após o objetivo de se reunir, o critério sendo preenchido por todos os membros, o grupo pode se dissolver e um novo critério precisará nascer. A família é muito mais estática. Na sociometria, a liderança é escolha do grupo, pelo grupo e para o grupo. Na família, as coisas se passam de forma diferente e, na verdade, há muitas vezes uma boa dose de rebelião.

DAG: A psicoterapia de grupo, ultimamente, me ensinou uma coisa nova: quando não dizer as coisas.

ZERKA: Você se refere a quando falar e quando permanecer totalmente em silêncio. É interessante que você mencione isso porque eu tenho uma percepção semelhante; por exemplo, com as pessoas que tiveram ou estão tendo um relacionamento extraconjugal. Minha percepção é que elas, especialmente, não deveriam falar sobre si com seus cônjuges ou com os amigos. Muitos deles ficam vergados sob o sentimento de culpa: "Ah, meu Deus, eu tenho de contar ao meu marido, eu tenho de contar à minha mulher". Não o façam. Quando eles me procuram e perguntam o que fazer, eu os questiono: "A relação extraconjugal ainda é relevante?". Muitas vezes, a resposta é "Não". "Quando aconteceu?" "Ah, aconteceu dois anos atrás." "Vocês ainda estão mantendo contato?" "Não." "Você está me dizendo que isso está completamente terminado, exceto pela culpa que você carrega?" "Sim." Então, eu digo: "O que você está tentando fazer? Você viveu com o seu cônjuge tantos anos; Quer se separar?" "Não." "Você ainda não falou sobre isso?" "Não, eu não consegui." "Então, como é que isso poderia ajudar você, exceto pela liberação [do sentimento] de culpa? Por acaso você está tentando punir seu companheiro(a)? Ele(a) é culpado(a) com relação ao que aconteceu? Por acaso você está com raiva dele(a) por algo que ele(a) tenha feito você sofrer? Se esse for o caso, vamos trabalhar nisso, caso contrário, você provavelmente faria mais mal do que bem ao contar."

Deixe-me falar sobre um caso específico. Lembra-se da atitude das pessoas nas décadas de 60 e 70? "Você precisa ser transparente na relação com as pessoas, *deixe tudo escancarado*, seja totalmente honesto e não esconda nada." Nunca me esquecerei de uma relação a nós revelada no grupo por um estudante do Canadá. Ele estava se sentindo muito culpado, pois estava tendo um caso extraconjugal havia um mês. Ele conheceu essa mulher em uma ocasião em que sua esposa foi dar uma palestra em determinado lugar; e ele a acompanhou; ambos a conheceram. Ela era representante da universidade onde sua esposa dava a aula, e havia encontrado um local para acomodá-los, além de atuar como guia deles naquele período. Pois bem, ele se envolveu com ela. Oficialmente, ele havia viajado a serviço, mas, na verdade, foi para se encontrar com ela. Eles mantiveram uma relação durante algum tempo e decidiram encerrá-la de comum acordo. Quando a decisão da separação não for mútua, a outra parte sofrerá, assediando o antigo parceiro, e isso é algo terrível.

A questão do protagonista era saber se ele deveria ou não revelar a história à sua esposa. Perguntamos a opinião de todos os jovens no grupo, e todos, sem exceção, disseram: "Ah, sim, você deve contar a ela. Afinal, agora está tudo acabado, e você deve ser honesto com ela". Por acaso, eu conhecia a esposa, ela era minha aluna. Ele não era, mas ela despertou o interesse dele pelo psicodrama, e então ele veio sozinho trabalhar essa situação. Eu sabia que a mulher dele o adorava; ele era o amor da vida dela. Eu perguntei a ele as mesmas perguntas acima mencionadas: "Acabou?". "Sim." "Você tem certeza?" "Sim, está morto e enterrado." "Sua mulher sabe ou suspeita de algo?" "Não." Na verdade, a outra moça havia ido embora do Canadá para seu país de origem, e eles combinaram que não teriam nenhum contato posterior, fosse por carta ou qualquer outro meio. Então, eu disse a ele: "Não diga nem insinue nada". Ele seguiu a recomendação porque eu ainda acrescentei: "Você despedaçaria o coração dela. É essa a sua intenção?". Ele assinalou que não com a cabeça. Esse não é o final da história. Cinco anos mais tarde, aproximadamente, a mulher dele teve uma cardiopatia muito séria, que acabou contribuindo para que ela morresse. Ele se tornou o melhor dos companheiros, cuidou dela até o final com todo o amor. Será que ele ainda estava expiando a sua culpa? Talvez, e pode ter havido outras razões além dessa, mas o fato é que viveram harmoniosamente, pelo menos enquanto ela esteve viva; ela me contou, após seu primeiro infarto, o quão devotado ele era. Pensei comigo mesma, essa mulher teria morrido de um ataque do coração cinco anos atrás se ele houvesse contado a ela, e como ele teria se sentido então, e o que aconteceria com a relação deles? Agora, ela tem um bom companheiro que cuida dela e a ama, e as crianças também foram preservadas. Ele foi magnífico. O perigo de uma abertura total num casamento pode ser grande; não sabemos as possíveis conseqüências.

DAG: Acho que é igualmente válido para o grupo de supervisão e para o grupo de terapia que as pessoas também tenham de aprender o que pode ser revelado sobre elas. Eu tive uma moça num grupo, uma terapeuta, que havia sido prostituta no passado, tendo, num encontro internacional do meio profissional, revelado tudo isso numa sessão.

ZERKA: Com que objetivo?

DAG: Acredito que ela queria ser honesta, e achou que não haveria problemas.

ZERKA: Deve ter havido problemas.

DAG: Não. Mais tarde, ela teve problemas terríveis em conseqüência disso, ficando exposta à maledicência dos outros. Ela aprendeu que deveria ter consciência de *onde, como e para quem* revelar essa parte do seu passado. Esse não é o objetivo deste livro, mas sentir-se envergonhado de si mesmo e desejar ser você mesmo é algo que se situa no limite entre o espaço privado e o público, porque a sua vergonha deveria permanecer privada.

ZERKA: Trata-se de uma questão muito delicada, uma questão de adequação, o que não significa ajustamento, mas sim estar afinado. Você se espelha nos outros seres humanos, e por meio das figuras do seu mundo interior, e deve ser capaz de circular por aí nessa ambivalência. De forma que, na adequação, há também julgamento. Moreno expressou seu conceito de espontaneidade como "uma resposta adequada a uma nova situação, ou uma nova resposta a uma velha situação". Podemos ser tentados a presumir que a palavra "adequado" significa uma forma de se adaptar a uma situação levando em conta as normas sociais. Essa não foi a intenção de Moreno porque, nesse caso, espontaneidade e oportunismo seriam sinônimos. Para Moreno, uma pessoa espontânea é uma pessoa disciplinada, mas a disciplina vem de dentro, não sendo imposta a partir de fora.

*A palavra "adequado" vem da palavra latina* ad-aeque, *que quer dizer "fazer parecido, equiparar".* Ad *é uma preposição que controla o acusativo seguinte e significa "contra, na direção de", isto é, contém um movimento, uma direção.* Aeque *significa "pare-*

*cido", condição similar, semelhante em tamanho. Movimento e equilíbrio são, portanto, expressos por meio da palavra "adequado". Não se trata de uma expressão estática, uma resposta passiva, mas contém a capacidade de pensar e agir razoavelmente com relação à situação, levando em consideração o ponto de vista da pessoas, assim como o dos circunstantes. A pessoa tem a capacidade de agir a partir de uma espécie de ponto transcendente. Uma pré-condição para essa capacidade seria que a pessoa agisse espontaneamente. Moreno dizia que a palavra* sponte *queria dizer "de dentro do* self*". Portanto, não é nem certa nem errada. A palavra* sponte *também significa "com o consentimento de alguém mais", ou "com a boa recordação de alguém mais", que se refere a um tipo de percepção ou de atenção, e inclui outro. Ao mesmo tempo, ela significa ser a própria pessoa de alguém, expressar a própria liberdade. Isso nos leva à idéia de que a pessoa tem a liberdade de agir, mas isso não é o mesmo que livre-arbítrio.*

DAG: Como dissemos antes, quando você trabalha com a sociometria, o critério tem de ser válido dentro do contexto no qual se está trabalhando. Se você trabalha com a equipe de um hospital psiquiátrico, por exemplo, alguns critérios relevantes seriam: "Com quem você gostaria de trabalhar no turno da noite? Com quem você gostaria de distribuir medicamentos?". Um critério irrelevante seria: "Com quem você gostaria de sair de férias?" ou "Quem você gostaria de namorar?". Esses critérios estão fora do contexto do grupo.

ZERKA: Sim, porque eles são externos ao contexto. No hospital, você precisa lidar com essas interações, as outras são externas. Criamos problemas ao trabalhar com critérios irrelevantes. As fronteiras são ultrapassadas. Uma das coisas que Moreno ensinava é que devemos escolher um critério que seja viável por todo o grupo. Como "a escolha de um companheiro com quem sair de férias" não pertence ao grupo, isso empurra as pessoas para fora do grupo. Além disso, deveria ser um critério que o sociometrista tenha autoridade para levar a cabo. Obviamente, você não tem autoridade nas situações externas. Trabalhar com critérios irrelevantes é o que Moreno chamava de "quase-sociometria". A sociometria baseia-se na realidade e na ação, e, portanto, os critérios têm de ser os mesmos, e a ação deveria ser do tipo que possa ser realmente completada. Ela tem de ser mantida de forma asséptica, senão, ficaria contaminada, e os resultados completamente inúteis ou mesmo perigosos.

DAG: É aí que eu vejo muito dano realizado.

ZERKA: É antidemocrático e uma lição que as pessoas devem aprender. Sociometria é a democracia exercitada na ação. Há diferentes hierarquias para diversos agrupamentos, e elas são fluidas. "Você não pode pisar duas vezes nas águas do mesmo rio." Trata-se de uma democracia com participação plena, e não apenas de representação. Não foi suficientemente compreendido que Moreno jamais escreveu que a sociometria estaria relacionada com gostos e aversões. Essas versões aguadas que os pesquisadores descrevem como sociométricas baseiam-se em falsas premissas.

Moreno nunca perguntou: "De quem você gosta?", ou "De quem você não gosta?". Ele nunca usou essas palavras. Ele perguntava: "Com quem você gostaria de trabalhar?", ou "Com quem você gostaria de estudar?", ou "Com quem você gostaria de compartilhar um aposento?". Os estudos não-sociométricos não conectam o "gostar" com os verbos "fazer isso ou aquilo com" porque esses pesquisadores não são pesquisadores da ação; eles são observadores, e não fazedores. A sociometria e a interação de papéis estão intimamente ligadas; sem um verbo, considerando-se que os verbos são palavras que designam ações, a pesquisa é sociometricamente inválida, e não deveria ser designada dessa forma. Ela não é portadora da ligação essencial da ação, a da interação de papéis. Mas se eu perguntar a você: "Com quem você quer trabalhar neste contexto" e observar se aquela pessoa também o escolhe, e se eu tiver a autoridade para reorganizar o grupo baseado nas escolhas feitas, isto não é uma investigação, é um teste de ação; ele deve levar à ação, à satisfação na própria vida. Na medida em que não o faça, não é sociometria. Trata-se de um teste para as pessoas do grupo cooperarem umas com as outras e com o sociometrista; para serem seus próprios pesquisadores. São eles que dela necessitam. Eu, o investigador, não preciso disso para o meu ego. Eu estou fazendo para constituir um grupo mais coeso. Talvez as palavras "pesquisa" e "investigador" sejam enganosas. Talvez devêssemos chamar o processo de "construção de coesão e ação". A sociometria torna membros do grupo co-pesquisadores, e não objetos para que alguém de fora os investigue. Além disso, por que você, como objeto da pesquisa, me diria a verdade sobre você mesmo se não obtiver algum tipo de satisfação a partir daí? Uma das conseqüências da sociometria é que as pessoas envolvidas obtêm um "máximo de satisfação possível" a partir desse procedimento.

CAPÍTULO 17

# O *SELF* TRÁGICO

## A REALIDADE SUPLEMENTAR *VERSUS* O MUNDO NO QUAL APARECEMOS

*Em seu livro* O teatro da espontaneidade, *Moreno enfatizou a importância do ato criativo, e o fato de que os papéis desempenhados na vida e no palco do psicodrama teriam uma semelhança meramente superficial. Na verdade, eles têm significados totalmente diversos. Ele escreve o seguinte:*

> *Na vida, nossos sofrimentos são reais, nossa fome, nossa raiva são reais. É a diferença entre realidade e ficção; ou, como disse Buda: "O que é terrível ser, é adorável de ver". [Uma característica] do ato criativo é que ele significa agir de forma* suigeneris. *Durante o processo de viver somos muito mais influenciados, isto é, agem sobre nós, do que agimos. Essa é a diferença entre uma criatura e um criador.*
>
> (J. L. Moreno, 1973: 43)

*O que chamamos de realidade é criado no palco, na ação que se desenrola entre as pessoas envolvidas — uma realidade que se relaciona com o nosso* Self *Trágico. O* Self *Trágico foi desenvolvido pela dra. Ruth Padel em seus livros,* Dentro e fora da mente: a imagem grega do self trágico *e* A quem os deuses destroem. *O* Self *Trágico deveria ser entendido como a necessidade artística de dar voz à dor da vida e da morte. A dor de nossa passagem pela vida envolve experiências como punições, doenças, guerras, ou perdas, para nomear apenas algumas.*

*Os seres humanos vivenciam as emoções, mas no drama grego elas não são uma possessão subjetiva do homem — elas pertencem aos deuses. Por intermédio dos deuses de Eros, Afrodite, Hera, vivenciamos, por exemplo, a paixão, o erotismo, a beleza e o ciúme. Dizemos que alguém "foi atingido pela flecha de Cupido" quando queremos dizer que se apaixonou. Mas os deuses também enviam a loucura a essas pessoas e, às vezes, querem destruí-las. As Fúrias levam os que rompem os tabus da vida à loucura por meio da raiva, da vingança e da inveja; seu objetivo é a destruição final.*

*Outro tipo de loucura, o "frenesi" dionisíaco, pode levar ao êxtase ou à arrogância, nas quais os seres humanos perdem sua forma humana e caem em desgraça, cheios de vergonha. Todas essas emoções e contradições são vivenciadas pelo* Self *Trágico. Ele nos descarrilha dos trilhos cotidianos da vida. Ele traz a melancolia, a tristeza e as alucinações. O* Self *Trágico, que nos tira do mundo das emoções induzidas pelos deuses, tais como representadas nos dramas da antigüidade grega, é vivenciado e criado* in situ *por um grupo com o psicodrama, a alma em ação.*

*O* Self *Trágico refere-se à história de uma alma, que é bem diferente da história do ego. Alguns dos momentos importantes na história do ego são o casamento, o nascimento, as formaturas, as moléstias, ou o divórcio, por exemplo. A história da alma contém elementos que não parecem estar relacionados. É uma história de imagens, tais como um filme, um encontro, um rosto, ou vergonha, por exemplo. Quando perguntamos pela história da alma, também podemos perguntar: "Quantas vezes você morreu na sua vida?". Portanto, a verdade da alma não tem necessariamente nada em comum com a verdade do ego. No ato do suicídio, podemos ver a diferença entre a história da alma e o estudo de caso, ou história do ego.*

*Quando alguém comete suicídio, muitas vezes nos perguntamos: "Por que ele se matou? Ele tinha tudo e parecia ser feliz". Tentamos encontrar circunstâncias externas visíveis para fazer com que as coisas se tornem compreensíveis, mas voltamos sempre à questão inicial: "Por que ele fez isso?". O* Self *Trágico fala por meio de imagens sombrias, de loucura e autodestruição. No suicídio, vemos o* Self *Trágico sair de dentro do indivíduo e atuar no mundo externo. Outro aspecto do* Self *Trágico vem à luz em casos de assassinato. Aqui, o* Self *Trágico é corporificado pelo assassino ou criminoso. A conexão entre a tragédia e o* Self *Trágico é a destruição e a morte violenta.*

*No palco psicodramático, essas diferentes realidades se fundem numa* "massa confusa" *que se transformou, para Moreno, na realidade suplementar. Essa realidade é artística e criativa; nela, vivenciamos o frenesi no interior do ato criativo, mais do que ao seu final. Cada momento é um nascimento. O* Self *Trágico se manifesta na ação do palco psicodramático, em que a alma do protagonista conduz a ação, e o diretor guia o protagonista para expandir e intensificar essa tensão dramática da vida, seus diálogos internos, seus desmoronamentos, dúvidas e diferentes humores. Muitas vezes, após essas sessões, os protagonistas ficam chocados pela forma como descreveram suas mães, pais ou filhos. Se a nossos pais fosse permitido assistir a um de nossos psicodramas em que lidamos com eles, poderiam bem dizer que somos mentirosos, porque, no psicodrama, agimos o que aconteceu e o que nunca aconteceu. Stanislavski disse em* Um ator se prepara*: "Ao falar sobre um gênio*[1] *você não diria que ele mente; ele vê a realidade com olhos diferentes dos nossos"* (Stanislavski, 1936: 53).

*É o* Self *Trágico que é compartilhado com o grupo na ação. A catarse não é meramente uma forma de encontrar logo uma solução, como por exemplo: "O que devemos fazer agora?". O efeito terapêutico da realidade suplementar é a experiência curadora do* Self *Trágico, tendo sido visto e ouvido pelos outros, assim como tendo sido trabalhado pela própria pessoa. O psicodrama tem tratado com sucesso de pessoas muito doentes que apresentam alucinações e delírios, porque, no verdadeiro sentido da palavra, Moreno deu substância ao mundo alucinatório ou surrealista delas. Ele deixou que o protagonista perambulasse em seu interior, que o protagonista explorasse os seus delírios.*

*Como escreve Mary Watkins, a palavra "alucinação" deriva da palavra latina (h)*allucinari *e significa "perambular na mente; falar descompromissadamente" (Watkins, 1986). Uma das imagens mais características da loucura é aquela do ser errante, que segue só e vai se afastando. O errante solitário é um dos temas centrais em muitas tragédias gregas. Por meio da exploração psicodramática, o mundo alucinatório e imaginário, tão privado no início, mantido numa experiência tão camuflada que não era compreendido, é desvendado no palco e atuado; ele é vivenciado como se fosse real.*

*Quando Moreno tratou de Karl, tal como foi descrito no* Psicodrama: segundo volume, *em "O Psicodrama de Adolf Hitler", Goering*

---

1. Gênio: uma capacidade natural e excepcional de intelecto, especialmente tal como exibido no trabalho criativo e original em música etc. (N. dos Autores.)

*não estava lá, tampouco Hitler. Todas essas pessoas foram representadas por outras "como se" e, portanto, criaram uma tensão e uma realidade trágicas. Zerka e J. L. Moreno assinalaram que o psicodrama gerava uma platéia para o psicótico. Em todos os meus anos como diretor de psicodrama, constatei que todo ser humano é capaz de distinguir entre a realidade psicodramática, tal como se relaciona com o* Self *Trágico e o* Self *da Vida Cotidiana. Isso significa que a pessoa pode distinguir entre a realidade da vida e a do palco psicodramático. No entanto, vez por outra temos a oportunidade de ver como o mágico "como se" domina a cena durante a encenação psicodramática, e se transforma em "como". Nesse sentido, a realidade suplementar e o mundo externo se encontram em contradição, ao mesmo tempo que se complementam mutuamente. Como podemos definir o mundo externo no qual vivemos, o mundo onde trabalhamos e existimos, onde temos de agir e interagir com os outros seres humanos?*

*Hannah Arendt escreve:*

> *O mundo em que os homens nasceram contém muitas coisas, naturais e artificiais, vivas e mortas, passageiras e eternas, tendo todas em comum o fato de que* aparecem, *e, portanto, aí estão para ser vistas, ouvidas, tocadas, provadas e cheiradas, para ser percebidas pelas criaturas passíveis de sentir, dotadas de órgãos de sentidos apropriados... Nesse mundo em que entramos, surgindo do nada, e do qual desaparecemos no nada,* Ser e Aparecer coincidem.
>
> (Arendt, 1978: 19)

*Para Hannah Arendt, a aparência, tal como percebida pelos cinco sentidos, é o equivalente a ser e sentir-se real. Somos como aparecemos, e vice-versa. Não é necessária uma prova de existência ou profundidade de significado mais além da simples aparência.*

*O que é único no psicodrama é que se trata de uma ação dramática com outras pessoas, e, portanto, a pessoa "aparece" e é vista e ouvida por si, assim como pelos outros. A pessoa está em interação, está em relação e sente-se relacionada. O psicodrama tem a capacidade de acrescentar significado a algo que poderia originalmente ter sido entediante, doloroso ou que parecesse não valer a pena. Nesse processo, o protagonista vivencia a liberdade de ação. A ação em seus primórdios está enraizada na natalidade, uma vez que essa é a atualização da liberdade; ela traz consigo a capacidade de operar milagres, ou seja, de introduzir o que é totalmente inesperado. Arendt afirma:*

> *É na natureza do princípio que se inicia algo de novo, que não poderia surgir de nada que possa ter acontecido antes. Essa característica de coisa inesperada e surpreendente é inerente a todos os começos. [...] O fato de que o homem seja capaz da ação significa que o inesperado pode surgir da parte dele, que ele é capaz de fazer o que é infinitamente improvável. E isso, novamente, é possível apenas porque cada homem é único, de forma que, com cada nascimento, algo de totalmente novo vem ao mundo.*
>
> (Arendt, 1958: 177-8)

*Agir significa, portanto, ser capaz de tomar a iniciativa e realizar o não-antecipado, exercitar aquela capacidade de liberdade que nos foi dada no momento em que viemos ao mundo. Agir e ser livre são, em referência a isso, sinônimos: ser livre significa engajar-se na ação, ao mesmo tempo que, mediante a ação, nossa capacidade de liberdade é atualizada.*

> *Moreno descreve a espontaneidade como uma forma de energia não-conservável que deve ser gasta à medida que emerge. Seu resultado é imprevisível quando associada à criatividade, da maior importância, produzindo algo que não é preexistente, algo que não estava lá antes, e, por vezes, totalmente não relacionado com eventos anteriores.*
>
> (Z. Moreno, 1998)

*Portanto, tanto Moreno quanto Hannah Arendt claramente foram orientados para a ação. Por meio da espontaneidade, sentimo-nos livres para lidar de forma competente com nossas situações e surpresas na vida; ir ao encontro de velhas situações com novas reações é, portanto, adequado porque nada jamais poderá ser como foi antes. A inspiração é o primeiro agente a ser acrescentado à Água da Vida. O psicodrama ativa a inspiração do protagonista e dos membros do grupo. Quantas vezes, nos dias de hoje, somos consumidores passivos da televisão, do trabalho, do teatro e de outras diversões. No entanto, no psicodrama tornamo-nos atores e criadores. Na psicoterapia, muitas pessoas se queixam de que "não são vistas nem ouvidas". Elas se sentem entediadas. A Água da Vida desapareceu. O psico-*

*drama traz essa água de volta porque pode transformar a vida "normal" numa tragédia, numa comédia, ou numa sátira.*

*Com a abordagem sociométrica, Moreno lida com o mundo tal como ele aparece. Um dos objetivos da sociometria seria orientar uma pessoa no mundo no qual ela vive e aparece. A psicoterapia de grupo pretende conscientizá-la sobre como é vivenciada pelas outras pessoas. O grupo, assim como o coro num drama da Grécia antiga, dará voz e julgará as ações, e também as compartilhará. Na fase de compartilhamento que encerra cada psicodrama, os participantes compartilham as suas experiências no palco assim como as da sua vida lá fora. Pode haver também um compartilhamento do* Self *Trágico. O* Self *Trágico é vivenciado apenas no teatro e no drama. Quando Moreno criou o psicodrama, transferiu a platéia para o palco e fez de cada pessoa um participante do ato criativo.*

*A cura pela realidade suplementar, portanto, inclui a experiência das emoções do* Self *Trágico, assim como uma orientação no mundo no qual a pessoa vive.*

# EPÍLOGO

*Zerka T. Moreno*

Ao rever o que aqui foi produzido, ficou claro para mim que o meu pensamento se expandiu com o passar dos anos para domínios que eu nunca discuti com Moreno, mas agora me parecem fazer parte tanto do meu próprio desenvolvimento neste campo, quanto da construção da obra de Moreno. Qualquer campo que tenha de sobreviver no mundo do pensamento precisa continuar a crescer e desenvolver. No entanto, há neste livro um projeto que devemos a Moreno. Estou pensando especificamente num postulado existente em seu artigo "Sociometria e a Ordem Cultural" (J. L. Moreno, 1943). Trata-se de um bloco de construções básicas das suas idéias. Moreno questionou a precisão de se interpretar a noção grega de que o psiquismo está localizado dentro do corpo. Na verdade, os gregos dividiam a alma em alma corporal e alma livre. A alma livre não estava ancorada no corpo. Na Idade Média, Giordano Bruno (monge dominicano, panteísta, 1548-1600) foi queimado na fogueira como herege por professar idéias semelhantes.

No mencionado artigo, Moreno afirmou que é concebível que o psiquismo não esteja localizado no corpo, mas, em vez disso, que o corpo seja envolvido pelo psiquismo. Assumir que esse interior-exterior da matéria psíquica está correto facilita a compreensão de por que conseguimos entrar em contato com as idéias, os pensamentos, as imagens das outras pessoas, e até mesmo com fatos sobre suas vidas que conscientemente desconhecemos.

Num grupo de psicodramatistas de 45 participantes, uma jovem protagonista precisava trabalhar a morte súbita de seu pai. Ele havia morrido durante o sono, na cama ao lado da mulher, mãe dela. Esse acontecimento tornou impossível a sua despedida do pai, e ela se dispôs a fazê-lo no psicodrama. Ela escolheu para ser seu pai um rapaz que ela conhecia por trabalharem na mesma clínica de saúde mental. Ficou claro durante o compartilhamento que eles jamais haviam conversado sobre esse tema traumático de sua vida. Então, imaginem a surpresa da protagonista, assim como do restante do grupo, quando o ego-auxiliar contou que o pai dele havia morrido da mesma maneira.

Esse fenômeno ocorre com muita freqüência no psicodrama, ou seja, um acontecimento desconhecido da vida do ego-auxiliar escolhido vem à tona especificamente durante o compartilhamento. Estamos agora começando a aceitar esse efeito misterioso porque presumimos que ele esteja relacionado com o fenômeno da tele. A tele opera de formas misteriosas, mas torna-se menos misteriosa se considerarmos que ela está claramente ligada ao psiquismo externo do fenômeno do corpo. Na verdade, assim como Moreno descreveu em *Quem sobreviverá?*, a descoberta de que algumas das alunas internas e das encarregadas dos dormitórios na escola de Hudson tinham o que ele chamava de um grande "volume de familiaridade", enquanto outras tinham um nível bem menor, me ocorre que isso é, mais uma vez, outro aspecto do psiquismo externo do corpo relacionado à dimensão da tele (J. L. Moreno, 1993: 131). Não se trata meramente de um efeito de cognição.

Espero que esteja claro que, ao mesmo tempo que tenhamos abrangido uma grande área neste livro, nunca perdemos de vista as construções do sistema de Moreno tal como se situam sob o amparo da sociometria, dentro do qual se inserem o psicodrama e a psicoterapia de grupo. Moreno deu início à psicoterapia de grupo em Viena com as prostitutas, em que uma pessoa funcionava como suporte terapêutico da outra. A idéia de suporte terapêutico foi desenvolvida mais tarde dentro da sociometria, com a qual ele planejava realizar uma revolução científico-artística da sociedade. Nisso, ele se uniu a Freud, que se autodenominava um "artista científico". Infelizmente, Freud nunca se deslocou para dentro da dimensão grupal.

Quando Moreno descobriu que o que realmente motiva os seres humanos a viver em plenitude são a espontaneidade e a criatividade, começou a procurar um modelo, que encontrou no teatro, como um exemplo de como as pessoas "perdem o rumo" na vida. Moreno já havia feito experiências com o teatro de improviso com as crianças nos jardins de Viena, na primeira década do século XX. Isso o inspirou a criar o Teatro da Espontaneidade, que era uma rebelião contra o assim chamado drama legítimo. Do Teatro da Espontaneidade emergiu o Teatro Terapêutico, um teatro de cura, mais tarde chamado de psicodrama. Deve ficar bem claro que Moreno considerava seu sistema sociométrico uma categoria revolucionária. Portanto, quando as pessoas procuram o psicodrama, não importa em que papel, se o de profissional, de paciente ou de estudante, elas o buscam por uma revolução em suas vidas. O sistema tríplice de psicodrama, sociometria e psicoterapia de grupo ainda não foi plenamente aceito pelo *establishment,* que é, em si, uma conserva cultural. Graças à sua força, baseada na espontaneidade e na criatividade, talvez jamais venha a ser aceito.

# BIBLIOGRAFIA


ARENDT, H. *The human condition,* Chicago: University of Chicago Press, 1958.

__________. *On violence,* San Diego: Harcourt Brace & Co., 1969.

__________. *The life of the mind,* San Diego: Harcourt Brace & Co., 1978.

AUGUSTINUS, A. *Bekenntnisse,* Paderborn: Schöningh, 1955.

BLOMKVIST, L. D. e Rützel, T. "Surplus Reality and Beyond". In: P. Holmes, M. Karp e M. Watson (eds.) *Psychodrama since Moreno: innovations in theory and practice,* Londres: Routledge, 1994.

BOORSTIN, D. J. *The creators: a history of heroes of the imagination,* Nova York: Vintage Books, 1993.

BREMMER, J. *The early greek concept of the soul,* Princeton, NJ: Princeton University Press, 1983.

BRETON, A. *L"amour fou,* Paris: Le Club Français du Livre, 1937.

__________. *Nadja,* Paris: Gallimard, 1949.

__________. In: M. Nadeau (ed.). *The history of surrealism,* Nova York: The Macmillan Company, 1965.

__________. *Manifestoes of surrealism,* Ann Arbor: The University of Michigan Press, 1972.

CONTY, P. "The Geometry of the Labyrinth", *Parabola* Summer: 14, 1992.

ECKART, M. "Reden der Unterweisung". In: J. Quint (ed.). *Ins Neuhochdeutsche übertragen,* Frankfurt: Insel-Verlag, 1963.

EINSTEIN, A. *in* C. Einiger e C. Waldemar (eds.). *Die schönsten Gebete der Welt,* Munich: Südwest-Verlag, 1984.

FLORMAN, S. "The Humane Engineer", *Technology Review*, 100, 5: 59, 1997.

FRANZ, M.-L. von. *Psyche and matter*, Boston: Shambhala, 1992.

GIBRAN, K. *The prophet*, Nova York: Alfred A. Knopf, 1923.

KERÉNYI, K. *Der göttliche Arzt-Studien über Asklepios und seine Kultstätte*, Basel: Ciba AG., 1948.

MEIER, C.A. *Healing dream and ritual*, Einsiedeln: Daimon Verlag, 1989.

MORENO, J. L. "Sociometry and the Cultural Order", *Sociometry: A Journal of Interpersonal Relations*, 3:3, 1943.

________. *Group psychoterapy: a symposium*, Beacon, NY: Beacon House Inc., 1945.

________. *Who shall survive?: foundations of sociometry, group psychotherapy and sociodrama*, Beacon, NY: Beacon House, Inc., 1953.

________. "Therapeutic Vehicles and the Concept of Surplus Reality", *Group Psychotherapy*, 18: 211-216, 1965.

________. *The theatre of spontaneity*, Beacon, NY: Beacon House, Inc., 1973.

________. *Psychodrama: primeiro volume*, Beacon, NY: Beacon House, Inc., 1977.

________. de *Group psychoterapy, psychodrama and sociometry* 4: 273-303 tal como citado em J. Fox (ed.). *The Essential Moreno: Writings on Psychodrama, Group Method, and Spontaneity*, Nova York: Springer, 1987.

________. *Who shall survive?: foundations of sociometry, group psychotheraphy and sociodrama* (edição do estudante), Mc Lean, VA: American Society of Group Psychotherapy and Psychodrama, 1993.

MORENO, J. L. & Moreno, Z. T. *Psychodrama: segundo volume*, Beacon, NY: Beacon House, Inc., 1975a.

________. *Psychodrama: terceiro volume*, Beacon, NY: Beacon House, Inc., 1975b.

MORENO, Z. *Love songs to life*, Beacon, NY: Beacon House, Inc., 1971.

________. *Love songs to life*. 2ª ed. Princeton, NJ: American Society of Group Psychotherapy and Psychodrama, 1993.

________. "The Many Faces of Drama", *Dramascope*, 14: 1, 1998.

OTTO, W. F. *Dionysus: myth and cults*, Woodstock, CT: Spring Publishers, 1981.

PADEL, R. *Whom gods destroy: elements of Greek and tragic madness*, Princeton, NJ: Princeton University Press, 1995.

PLAUT, F. *A critical dictionary of jungian analysis*, Londres, Routledge, 1986.

RUBIN, W. S. *Dada, surrealism, and their heritage*, Nova York: Harry N. Abrams, 1990.

SIMON, E. *The ancient theatre*, Londres: Methuen, 1982.

SJÖLIN, J. *Den surrealistika erfarenheten*, Aarhus: Kalejdoskop Verlag, 1981.

STANISLAVSKI, K. *My life in art*, Nova York: Theather Arts Books, 1948.

WATKINS, M. *Invisible guests: The development of imaginal dialogues*, Woodstock, CT: Spring Publications, Inc., 1986.

WINKLER, J. e Zeitlin, F. *Nothing to do with Dionysus: Athenian drama in its social context*, Princeton, NJ: Princeton University Press, 1990.

# Sobre os Autores

## Zerka T. Moreno

Foi co-criadora do psicodrama, juntamente com seu marido, J. L. Moreno.

Ao longo de seus sessenta anos de prática, ela foi responsável pela formação de muitos profissionais, em vários países.

Até 1982, foi diretora do Instituto Moreno em Beacon, Nova York, e presidente da American Society of Group Psychoterapy and Psychodrama.

Zerka tem vários artigos publicados em livros e revistas especializadas e passa grande parte de seu tempo fazendo conferências e dando aulas em diversas cidades do mundo, como convidada.

## Leif Dag Blomkvist

É diretor do Instituto Moreno da Suécia e diretor-executivo da banca nórdica de examinadores em Psicodrama, Sociometria e Psicoterapia de Grupo. Fundou o departamento de psicodrama hospitalar em Lund, Suécia, onde trabalhou por dez anos.

## Thomas Rützel

É psicoterapeuta-clínico na Alemanha e foi responsável pela coordenação do texto original desta obra.

## Leia Também

### ASTROS E OSTRAS

**Uma visão cultural do saber psicológico**

Domingos Junqueira de Brito

Ensaios que abordam temas sobre o pensamento psicodramático, buscando a aproximação com a antropologia e a sociologia. O autor, que percorreu os caminhos da psicanálise, do pensamento existencial e do psicodrama em sua jornada, usa esse referencial para tecer seus comentários. Um dos propósitos do trabalho é o de resgatar a socionomia e os conceitos psicodramáticos do risco dos modismos. Mas o objetivo maior é o de estimular as reflexões e o diálogo interdisciplinar. REF. 20539.

### DO PLAYBACK THEATRE AO TEATRO DE CRIAÇÃO

Albor Vives Reñones

A leitura desse livro é provocante e inspiradora. O autor escreve como um bom escritor, faz reflexões como um bom pensador e cria como um artista. Para quem gosta da linguagem do teatro em suas aplicações não-convencionais, é imperdível. Recomendado também para artistas em geral e terapeutas grupais. REF. 20783.

### O PSICODRAMA APÓS MORENO

**Inovações na teoria e na prática**

Paul Holmes, Marcia Karp e Michael Watson

Uma coletânea de artigos de alguns dos mais importantes psicodramatistas do mundo. Além dos organizadores, Dalmiro Bustos, René Marineau e Mónica Zuretti, entre outros, falam sobre os caminhos do psicodrama desde a morte de Moreno, em 1974. Os depoimentos descrevem como esse poderoso método de terapia grupal incrementou e inspirou as suas práticas terapêuticas. A introdução desta obra marcante é de Zerka Moreno. REF. 20646.

**FRAGMENTOS DE UM OLHAR PSICODRAMÁTICO**

Sergio Perazzo

Sergio Perazzo nos brinda com uma obra que é puro deleite. Estético e intelectual. Reunindo artigos escritos ao longo de alguns anos, e sobre temas diversos, seus fragmentos provocam espanto, risos, polêmicas, emoções e reflexões para muitas noites de insônia. O autor vem se firmando como um dos pensadores mais originais do psicodrama brasileiro. REF. 20656.

**HISTÓRIAS QUE CURAM**

**Conversas sábias ao pé do fogão**

Rachel Naomi Remen

Este livro esteve entre os dez mais vendidos nos Estados Unidos. São histórias sobre pessoas, contadas em tom intimista, como as antigas conversas nas mesas de cozinha, ao pé do fogão. Segundo Bernie Siegel, autor de *Paz, amor e cura,* (Summus) "é um lindo livro sobre a vida, nossa única verdadeira mestra". Rachel N. Remen é médica e terapeuta, especializada em psicooncologia e tem outro livro publicado pela Summus, *O paciente como ser humano.* REF. 20536.

**NO MUNDO COM ALMA**

**Repensando a vida moderna**

Robert Sardello

Nos últimos cem anos, a psicologia tem buscado curar a alma das pessoas. Agora, segundo o autor, psicoterapeuta e pensador, é hora de cuidarmos da alma do mundo. Ele analisa vários aspectos da vida moderna: arquitetura, dinheiro, cidades, medicina, tecnologia mostrando novas maneiras de usufruir disso tudo. REF. 20513.

dobre aqui

ISR 40-2146/83
UP AC CENTRAL
DR/São Paulo

**CARTA RESPOSTA**
NÃO É NECESSÁRIO SELAR

O selo será pago por

**SUMMUS EDITORIAL**

05999-999 São Paulo-SP

dobre aqui

recorte aqui

A REALIDADE SUPLEMENTAR E A ARTE DE CURAR

## CADASTRO PARA MALA-DIRETA

**Recorte ou reproduza esta ficha de cadastro, envie completamente preenchida por correio ou fax, e receba informações atualizadas sobre nossos livros.**

Nome:______________________ Empresa:______________
Endereço: ☐ Res. ☐ Coml. ______________________ Bairro:______________
CEP: ________-______ Cidade: ______________ Estado: ______ Tel.: ( ) ____________
Fax: ( ) ____________ E-mail: ______________ Data de nascimento: ____________
Profissão:______________ Professor? ☐ Sim ☐ Não Disciplina: ______________

**1. Você compra livros:**

☐ Livrarias ☐ Feiras
☐ Telefone ☐ Correios
☐ Internet ☐ Outros. Especificar:______________

**2. Onde você comprou este livro?**

______________________

**3. Você busca informações para adquirir livros:**

☐ Jornais ☐ Amigos
☐ Revistas ☐ Internet
☐ Professores ☐ Outros. Especificar:______________

**4. Áreas de interesse:**

☐ Psicologia ☐ Comportamento
☐ Crescimento Interior ☐ Saúde
☐ Astrologia ☐ Vivências, Depoimentos

**5. Nestas áreas, alguma sugestão para novos títulos?**

______________________

______________________

**6. Gostaria de receber o catálogo da editora?** ☐ Sim ☐ Não

**7. Gostaria de receber o Ágora Notícias?** ☐ Sim ☐ Não

**Indique um amigo que gostaria de receber a nossa mala-direta**

Nome:______________________ Empresa:______________
Endereço: ☐ Res. ☐ Coml. ______________________ Bairro:______________
CEP: ________-______ Cidade: ______________ Estado: ______ Tel.: ( ) ____________
Fax: ( ) ____________ E-mail: ______________ Data de nascimento: ____________
Profissão:______________ Professor? ☐ Sim ☐ Não Disciplina: ______________

**Editora Ágora**

Rua Itapicuru, 613 Conj. 72 05006-000 São Paulo - SP Brasil Tel (11) 3872 3322 Fax (11) 3872 7476
Internet: http://www.editoraagora.com.br e-mail: agora@editoraagora.com.br

cole aqui